TOPICA 2018 vol.1

現代の対話篇

# 圧倒的！リベラリズム宣言

山口二郎・外岡秀俊・佐藤 章

五月書房新社

# 現代の対話篇「TOPICA 2018」

## 巻・頭・言

GOGATSU

五月書房新社は、現代日本の状況に真正に向き合い、問題を剔抉《てっけつ》していく現代の対話篇「ＴＯＰＩＣＡ《トピカ》 ２０１８」シリーズを新たに発足させる。政治や経済、社会状況、どの領域を見渡してみても、没論理、フェイク言論、欺瞞《ぎまん》言語が満ちあふれる現状の中で、それぞれの領域における「知の精鋭たち」が真正に問い、真正に語る。それらの言葉、それらの問題提起は、まるでだまし絵のような偽りのキャンバスを一閃《いっせん》のもとに引き裂く切っ先となるだろう。
語り、そして問うことによって成立する対話、ディアローグ。その語源は古代ギリシアのディアレクティケーに遡《さかのぼ》る。ソクラテス、そしてさらにその先人たちが切り拓いた言語術。問いに対して明快な答えが得られることもあれば、謎の反語として返ってくることもある。
「そもそも、その問題は問うに値するものなのか。その問いと語りの間には何かが生じているのか。そして、それらのいくつもの試行錯誤は読むに値するものなのか」。現代の対話篇「ＴＯＰＩＣＡ ２０１８」を読み解く読者は、これらの問いに自ら答えていく自由を持つ。
ＴＯＰＩＣＡはアリストテレスの書名に由来を持つ。議論や

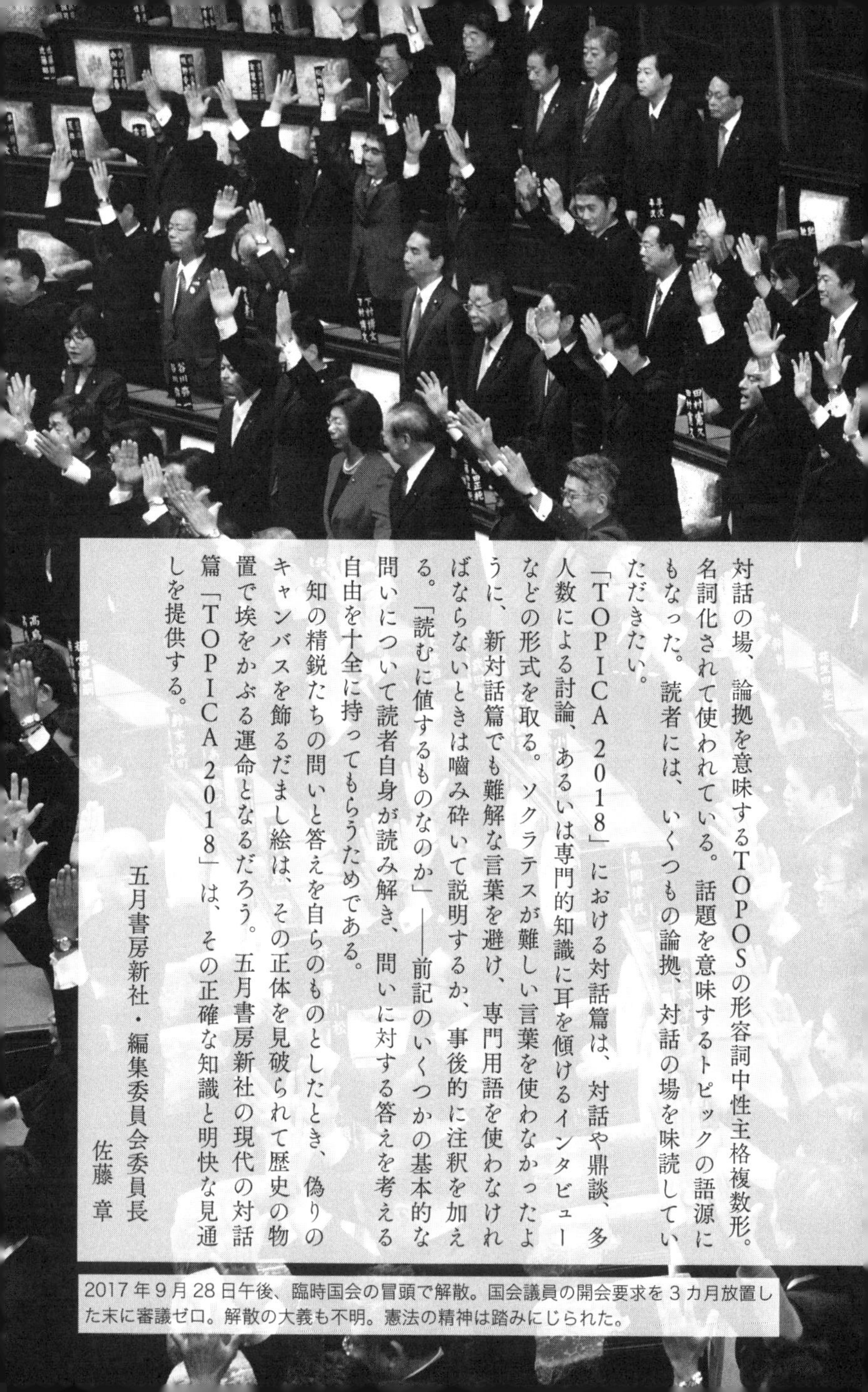

対話の場、論拠を意味するTOPOSの形容詞中性主格複数形。名詞化されて使われている。話題を意味するトピックの語源にもなった。読者には、いくつもの論拠、対話の場を味読していただきたい。
「TOPICA 2018」における対話篇は、対話や鼎談、多人数による討論、あるいは専門的知識に耳を傾けるインタビューなどの形式を取る。ソクラテスが難しい言葉を使わなかったように、新対話篇でも難解な言葉を避け、専門用語を使わなければならないときは嚙み砕いて説明するか、事後的に注釈を加える。「読むに値するものなのか」――前記のいくつかの基本的な問いについて読者自身が読み解き、問いに対する答えを考える自由を十全に持ってもらうためである。
知の精鋭たちの問いと答えを自らのものとしたとき、偽りのキャンバスを飾るだまし絵は、その正体を見破られて歴史の物置で埃をかぶる運命となるだろう。五月書房新社の現代の対話篇「TOPICA 2018」は、その正確な知識と明快な見通しを提供する。

五月書房新社・編集委員会委員長
佐藤 章

2017年9月28日午後、臨時国会の冒頭で解散。国会議員の開会要求を3カ月放置した末に審議ゼロ。解散の大義も不明。憲法の精神は踏みにじられた。

# 圧倒的！リベラリズム宣言

目次

第2章

# 鼎談

## 平成の終わりに見えてきた次の時代の政治のカタチ

山口二郎×外岡秀俊×佐藤章

第3章◉

# 独論

## 政権への道

外岡秀俊

# 第4章◉ 対話

## 公開対談：**メディアと政治、そして市民**

**山口二郎×外岡秀俊**

あとがき◉

# 後書

## 「フェイク政治」から「圧倒的！リベラリズム宣言」へ

佐藤章

| | |
|---|---|
| 写真提供 | 朝日新聞社<br>(p.2-3, 48-49, 62-63, 142-143, 208-209) |
| 装幀 | テラカワ アキヒロ |
| 編集・組版 | 片岡 力 |
| 制作進行 | 笠井早苗 |
| 営業 | 鵜飼 隆 |

第１章

# 安倍政権の長期化の中でいかに政治を転換するか

山口二郎
*Yamaguchi Jiro*

## 1——日本政治の危機

安倍晋三政権の下で、集団的自衛権行使容認と安保法制の制定、特定秘密保護法、共謀罪などの違憲の疑いが濃い法律の制定が進んだ。立憲主義の危機が叫ばれるのは当然である。憲法改正発議が政治日程に上る中、憲政擁護の運動を野党と市民が作り出すことは急務である。

政権の長期化がもたらすもう一つの危機について考えてみたい。それは、権力の私物化と政府の腐敗である。森友学園に対する国有地の払い下げの際に当初価格よりも8億円も値引きされたが、これについて合理的な根拠がないことは、交渉過程の録音からも明らかである。加計《かけ》学園による獣医学部新設についても、通常の学部新設ではありえないほどずさんな申請で認可の判定が行われたことは明らかである。安倍首相や官邸中枢が明示的な指示をしたかどうかは不明であるが、首相と昵懇《じっこん》な関係にある人物が関与した国有地払い下げや学部新設であることが、行政実務に影響を与えたと推認することはできる。さらに、政権と近い関係にあることを自慢してきた人物が経営するスーパーコンピュータ関連会社に対して、経産省や文科省が所管する公的機関から巨額の補助金、融資が投入され、その一部が詐欺であるとして、検察が立件に動いている。

一連の事件は、日本の行政における権限行使や資金分配が、規律を欠いており、政権中枢に近い者にはほとんどまともな審査や手続きを省略して利益供与が行われていることを物語る。従来の役所仕事を知っているものにとっては、信じがたいことである。

この事態は、安倍政権の下で日本が近代的な法の支配から、前近代的な人の支配に逆行していることを意味する。権力者の恣意《しい》によって権力を動かす国家体制を家産国家と呼ぶ。日本国は国民共有の財産ではなく、安倍家の財産になろうとしているのである。

家産国家において、権力者と役人・官僚の関係は、法規に基づく指揮命令関係ではなく、身分的な支配服従関係、主人と奴隷の関係になる。ゆえに、主人が「あったことをなかったことにせよ」と言えば、役人は「これはなかったことです」と言う。主人が明示的な指示を出さなくても、忠実な役人が主人の心中を慮《おもんぱか》って「なかったことです」と言う。家産国家の役人は、主人の意向を内面化する。これが、森友、加計疑惑をめぐる国会審議で実際に起こったことである。文科省の前事務次官の前川喜平氏は、自分が奴隷ではなく、法の下で仕事をする公務員であるという矜持《きょうじ》を持っていたので、あのような告発を行ったのであろう。

規律の崩壊は、政府の腐敗をもたらす。国民の財産や税金が権力に近い者のために提供され、私物化される。利益を得る人々はそもそも権力者と親しいので、いちいち対価としての賄賂など贈る必要もない。したがって、この種の腐敗は罪にならない。だからこそ悪質である。

人の支配は、政府と国民との間の関係においても現れる。政府の業務の根拠となる法規が意味を失えば、役人の裁量による恣意的支配、あるいは権力の乱用が起こる。２０１７年の通常国会で成立した共謀罪がその典型である。罪刑法定主義という刑事法分野の法の支配を掘り崩すこの法律には、極めてあいまいな言葉しかない。取り締まり権限を持った警察の裁量で法規がゴムのように伸びていくことが憂慮されている。実際、国会審議における法務大臣や法務官僚の答弁は、この法の運用が恣意的になるであろうことを予測させた。

このように、政策の当否以前の、国民と政府権力との関係において、大きな危機が進行している。これを止めるには、選挙でおごれる権力者に痛撃を与えるしかない。実際、自民党は7月の東京都議会選挙で大敗し、秋の総選挙は支持率の低下にあえいでいた安倍政権を罰する絶好の機会となったはずだが、野党の分裂によってその好機も逸してしまった。この失敗をかみしめることから、次の展開を考えるしかない。

## 2――2017総選挙の意味

### ・選挙制度改革と野党再編の失敗＝残余概念としての野党の限界

秋の総選挙は、本来、改憲志向を明確にしている安倍晋三首相に対して野党協力がどの程度迫れるかが焦点であった。しかし、共産党との協力を何としても避けたい前原誠司が小池百合子東京都知事と謀《はか》って憲法擁護派を排除する形での提携を進めた結果、民進党は分裂し、総選挙は自民党の楽勝という結果に終わった。

民進党の分裂は、選挙制度改革を受けて、大きな野党の塊を作り、二大政党制、政権交代可能なシステムの実現というプロジェクトの破綻《はたん》を意味する。小選挙区という炉の中で大きな野党という合金を作るという発想そのものが間違っていたと言うしかない。民進党の分裂は、表面的には前原の愚行の結果だが、根は深い。集団的自衛権への賛否、憲法改正への姿勢をめぐって、2015年の安保国会のころから、民主党・民進党内には亀裂が広がってきた。また、それと随伴して、共産党を含む野党協力の是非をめぐる意見の食い違いも存在した。こうした矛盾が、総選挙の機会に顕在化したということができる。呉越同舟で大きな野党の塊を作って自民党に対抗するという二大政党制のイメージを捨てるべき時である。

政党配置の現状は20年前に戻った感がある。新保守の希望の党が当時の新進党、リベラルの第一次民主党が立憲民主党に重なる。が、当時との違いもある。

第一の相違は、政権与党、自民党の立ち位置である。20年前の自民党は、橋本龍太郎総裁を加藤紘一、山崎拓、野中広務などの政治家が支えるという態勢であった。党内には、社民党との協力を継続するハト派と小沢一郎との協力を求める保保連携派の対立はあったにしても、憲法改正は政治課題ではなかった。これに対して、今の自民党は安倍一強体制であり、集団的自衛権行使を可能にした安保法制や共謀罪など、憲法上疑義のある立法を推進したうえで、憲法改正に着手しようとしている。この点は、野党のとるべき政策路線にも大きな影響を与える。

第二の相違は、リベラル野党たる立憲民主党が準備不足にもかかわらずミニブームを起こし、野党第一党になった点である。そして、他の野党、特に共産党との協力が立憲民主党の躍進を支える土台となった。国民が野党に何を求めているかは、この選挙結果が示している。第二保守党ではなく、憲法を擁護し、安倍自民党と対峙《たいじ》する野党を国民は求めているのである。立憲民主党がいきなり比例代表で1100万票を獲得し、世論調査でも10%台の支持を得ている一方、希望の党は一桁の前半の支持率しか得ていないことがその根拠である。

民主党・民進党が自民党への対抗路線を構築するときに、かつての社会党が実現不可能な理想を唱えたことへの反動で、現実路線、保守路線を取るべきという圧力が党内そしてメディアから働いてきた。また、野党協力に関しても、共産党と提携すれば保守的な支持層が逃げていくという反発が党内に存在した。この争いについても、今回の選挙結果で答えが出たというべきである。表1は2000年代の国政選挙の比例代表における各党の得票をまとめたものである。比例代表での1000万票はこれまでの2回の総選挙で民主党が取れなかった数である。民主党・民進党支持者の中枢はリベラルな市民であり、分裂によって保守的な政治家が希望の党に移り、心おきなく支持

| | 維新の党 | おおさか／日本維新の会 | 未来／生活 | 次世代 | 共産 | 社民 | 備考 |
|---|---|---|---|---|---|---|---|
| | – | – | – | – | 672 万 | 560 万 | 神の国／寝ててくれれば |
| | – | – | – | – | 433 万 | 363 万 | 小泉総理 |
| | – | – | – | – | 459 万 | 303 万 | 民由合併／マニフェスト |
| | – | – | – | – | 436 万 | 299 万 | 年金未納 |
| | – | – | – | – | 492 万 | 372 万 | 郵政解散 |
| | – | – | – | – | 441 万 | 263 万 | 消えた年金 |
| | – | – | – | – | 494 万 | 300 万 | 政権交代 |
| | | – | – | – | 356 万 | 224 万 | 消費税 |
| | 1226 万 | – | 342 万 | – | 369 万 | 142 万 | 民主党政権 |
| | 636 万 | – | 94 万 | – | 515 万 | 126 万 | |
| | 838 万 | – | 103 万 | 141 万 | 606 万 | 131 万 | |
| | – | 515 万 | 107 万 | – | 602 万 | 154 万 | |
| | – | 339 万 | – | – | 440 万 | 94 万 | |

できる政党ができたという感想を民進党支持者から聞く機会は多かった。憲法擁護という基本的な価値観に立脚して安倍政治に対峙する明快な野党を求める市民層がかなり存在したということである。安倍政権が戦後レジームからの脱却を進める状況で、戦後民主主義を守るためには共産党を含む野党協力も不可欠だという積極的な評価をする市民も一定数いたことも、選挙結果が物語っている。共産党の票が今回大きく減ったが、これは民主党政権崩壊後共産党を支持したリベラルな市民層が立憲民主に移ったためであろう。

この総選挙は民進党の分裂によって、自民党にやすやすと政権維持を許した。そこにあえて前向きな意味を見出すならば、自民党に挑戦する野党がいかなるものかを決める予選が行われ、第二保守の党ではなく、リベラルの立憲民主党が挑戦権を得たという点にある。

【表1】最近の選挙における比例区得票数の推移

| | | 民主／民進 | 立憲民主 | 自民 | 公明 | 希望 | 自由 | みんな |
|---|---|---|---|---|---|---|---|---|
| 2000年 | 衆 | 1507万 | – | 1694万 | 776万 | – | 659万 | – |
| 2001年 | 参 | 899万 | – | 2111万 | 819万 | – | 423万 | – |
| 2003年 | 衆 | 2210万 | – | 2066万 | 873万 | – | – | – |
| 2004年 | 参 | 2114万 | – | 1680万 | 862万 | – | – | – |
| 2005年 | 衆 | 2104万 | – | 2589万 | 899万 | – | – | – |
| 2007年 | 参 | 2326万 | – | 1654万 | 777万 | – | – | – |
| 2009年 | 衆 | 2984万 | – | 1881万 | 805万 | – | – | 300万 |
| 2010年 | 参 | 1845万 | – | 1407万 | 764万 | – | – | 794万 |
| 2012年 | 衆 | 963万 | – | 1662万 | 712万 | – | – | 525万 |
| 2013年 | 参 | 713万 | – | 1846万 | 757万 | – | – | 476万 |
| 2014年 | 衆 | 978万 | – | 1766万 | 731万 | – | – | – |
| 2016年 | 参 | 1175万 | – | 2011万 | 757万 | – | – | – |
| 2017年 | 衆 | – | 1108万 | 1856万 | 698万 | 968万 | – | – |

## 3——立憲民主党の課題

立憲民主党が政権をねらう野党に成長するためには何が必要か、理念・政策の面から考えてみたい。枝野幸男が当面、他の野党との合併は考えないと主張していることは、今までの野党再編の失敗に照らして、合理的な判断である。まず、この党がどのような日本を作りたいのかを明らかにしたうえで、理念を共有する他の野党との連携を図るという手順が必要である。
政策理念について、立憲民主党はこの20年間衰弱してきたリベラルの価値を再興することを使命とすべきである。リベラルという言葉は様々な意味で使われているが、ここでは日本政治における伝統的水脈と、国際的な標準に照らすという2つの面で定義したい。日本のリベラルとは、戦争と独裁に反対する政治思想であった。政党政治が崩壊し軍部独裁が始まった後でも、戦争に反対し、アジア諸国・地域との友好を主張する勇敢な政治家や言論人は存在した。その代表的な政治家は石橋湛山であり、この意味でのリベラルは戦後政治、特に自民党の三木武夫、宮澤喜一、河野洋平などの政治家に継承された。自民党が岸信介の改憲路線から転換し、憲法9条の枠内での適度な防衛力の保持と海外における武力不行使という現実的な路線を取ったのも、リベラルの政治家の功績であった。こうした路線が浮かび上がったのは、護憲・革新勢力が一定の力を持ち、国民の支持を得ていたためでもあった。

国際的な標準に照らしたリベラルの意味についても、ヨーロッパではドイツの自由民主党のように経済的自由を中心とする伝統的な自由主義として使うこともあるが、日本にとって参考になるのはアメリカのリベラルである。自由を経済的自由として理解すれば、現実的には自由を享受できるのは豊かな人々や企業だけに限られることになる。差別や格差・貧困が現に存在する状況においてすべての人に自由な生活を確保するためには、政府が差別を禁止する強力なルールを作り、尊厳ある生活を支えるための制度的な土台を作ることが必要となる。アメリカでは大恐慌の後のニューディール政策以来、民主党のリベラル派がこのような政策を展開してきた。自由放任、小さな政府の自由主義路線がネオリベラルと呼ばれるのは、このような文脈があるからネオ（新しい）なのである。日本の場合、西欧のような労働組合を基盤とした社会民主主義政党が微弱であるため、アメリカ的な意味でのリベラルな政党が存在し、自由競争、市場中心の保守政党に拮抗《きっこう》することが求められるのである。

1996年の第一次民主党、あるいは鳩山由紀夫氏はリベラルの理念を掲げていた。しかし、第二次民主党になってからはあまり旗幟《きし》鮮明にはしなかった。党内での新保守派の存在が旗色を不鮮明にした。しかし、安倍政権の長期化の中でリベラル勢力の必要性は高まっている。第一は、戦争に反対し、国家権力の暴走を止めるという意味でのリベラルの必要性である。安倍政権による集団的自衛権の行使容認と安保法制の制定は、伝統的な意味での自民党のリベラル路線を転換するものであった。安倍は、60年安保によって途絶された岸信介の改憲路線を復活させることをねらっているのだろうが、自民党内でこのような路線に抵抗する勢力は無に等しい。小池百合子が言ったような憲法9条改正、安保法制容認の政治家は自民党に加わればよいのであって、野党がかつての自民党のリベラルを継承するほかない。

第二に、経済のグローバル化が進み、雇用が劣化する中で、格差と貧困が拡大している状況ゆえに、ニューディール的なリベラルが必要とされている。これは世界的な潮流である。アメリカ民主党のバーニー・サンダース、イギリス労働党のジェレミー・コービンという伝統的なリベラルや左派が若者を中心に人気を集めていることには理由がある。市場中心の新自由主義や近視眼的な緊縮財政と決別し、公共政策の体系を打ち出すことは日米欧に共通した課題である。

外交、内政におけるリベラルの方向性をこのように整理すれば、立憲民主党はかつての自民党の宏池会と経世会の路線を継承せよと主張しているように見えるかもしれない。それはあながち冗談ではない。安倍首相の下で自民党は右傾化し、宏池会と経世会の命脈は途絶えようとしている。もちろん単純に昔のスローガンを取り出すわけにはいかない。それにしても、平和と平等という旗印を現代の状況に適応させて掲げなおすことは必要である。2009年の理想的過ぎた政権交代が失敗に終わった今、望みうる政権交代は、かつて自民党の中にあった右派とリベラルの間での権力交替を政党間で起こすというものでしかない。それができれば御の字というべきである。

この点は、枝野幸男がしきりに唱える保守という路線とも関連する。ここで保守とは何かという学問的議論をしても無意味である。何を保守するかをめぐって自民党と立憲民主党の間にはっきりした対決構図を描くことができることが重要である。安倍の言う保守は、日本国憲法によって支えられる戦後日本を否定することであり、仮想空間の中にある古き良き日本を保守しようとするものである。これに対して、枝野の言う保守は戦後民主主義や平和国家路線を守るというものである。この路線は、護憲・革新勢力の圧力を受けながら、自民党自身が構築したものであった。自民党政治の中にあったリベラルなものを救い出すのであれば、リベラル勢力は保守という言葉を共有することもできる。

この問題を55年体制崩壊以後の歴史的文脈に位置付けるならば、村山政権の路線を復活させることで戦後体制の破壊に対抗することが必要ということもできる。当時は新保守路線を取った小沢一郎の揺さぶりに対抗して、自民党の穏健・リベラル派は社会党と提携することで戦後体制を擁護した。それは戦後50年のタイミングに重なり、自民党は村山談話が明示した戦争に対する反省と謝罪の姿勢、戦争被害者に対する補償に同意した。これは自民党が右派的ナショナリズムから脱却し、自民党の基軸が最もリベラルに振れた瞬間であった。同時にこの時期は、右派的ナショナリズムの再興、さらに安倍政権への道が始まった時でもあった。そして当時新人議員だった安倍や側近の政治家は自民党のリベラル路線に危機感を抱いて、歴史教科書への介入、夫婦別姓反対、さらに憲法改正などの右派的アジェンダを追求する議員集団を立ち上げた。さらにそれに呼応して民間でも、右派的宗教団体、ナショナリズム団体、これに近い学者、評論家が集まって1997年に日本会議が結成され、自民党の右派政治家との連携が始まった。安倍政治に対抗するリベラル政党の基軸を、安倍政治の出発点である村山政権のリベラル合意に置くことには理由がある。

## 4——2020年代をどう生き抜くか

次の政治の動きは2020年前後に起こるのだろう。バブル崩壊以後の失われた時代は30年になんなんとする。1990年代の政治改革、政党再編は、時代の大きな変化に対応して政策転換を実現するための強力な政治的指導力を創出するために行ったはずである。橋本龍太郎政権の行政改革や地方分権は重要な制度改革を成し遂げた。しかし、再編された中央官庁では政策のイノベーションは起こっていない。財務省は旧態依然たる縁故主義の国有地払い下げを黙認し、経産官僚は成長戦略という空虚なスローガンを繰り返し、獣医学部の新設などという見当はずれの政策に加担している。多くの地方自治体は、人口減少と地域経済の疲弊の中で、政策を創造するような状態ではない。地方創生のスローガンに踊らされて、むしろ中央政府の無策のつけを押し付けられている。小泉純一郎政権の郵政民営化は大きな制度変革ではあったが、日本経済に有益な影響をもたらしたとはいえない。そして、安倍晋三首相は見当違いの極致とも言うべき憲法改正に血道をあげて、深刻化する人口減少や雇用の劣化に対して有効な対策を打っていない。

野党の再構築は、憲法改正という政治体制の破壊を食い止めるだけでなく、日本が衰弱の道を転げ落ちることを防ぐための政策の創造のためにも必要である。２００９年の民主党政権の誕生の際には、政治の変化に対する過度な期待があり、その反動で民主党が目指した政策について過度な否定が定着している。しかし、あの時に民主党が実現しようとしたいくつかの政策、地球環境問題への取り組み、ハード面での投資から人への投資のシフト、多様性を尊重する社会の創出、東アジアにおける平和の創出は、すべて時宜《じぎ》にかなった提案であった。

民主党の失敗は、アイディアを制度や政策に具現化する作業に関して無力だった点である。官僚と敵対するばかりで、うまく使えなかったことは広く知られている。もう一つの欠落は、政策に関する知を尊重しなかった点である。民主党政権の政治家には政策を自分たちで作れるという驕《おご》りがあり、体系的に政策を構築することはできなかった。

知の軽視は安倍政権においてさらに悪化している。加計学園の一件で露見したように、経産省出身の官僚OBが怪しげなコンサルタント会社を立ち上げ、特区制度を利用して新たな利権を作り出している。成長戦略は何一つ成功していない。女性の活躍を打ち出しながら、女性の権利や労働に関する従来の知的な蓄積は無視され、家庭教育支援法案に示されるように、反動的な家族神話に基づく母親像の押し付けを教育政策の名において進めようとしている。

いま、立憲民主党の政策構想力が問われている。まだ議員の数も少なく、体系的な政策を論じる体制を作ることは難しい。ここは外部の力を取り込むべきである。この党が草の根からの参加を言うなら、介護、保育、教育、地域経済などの分野での現場の経験と問題意識を共有することが求められる。同時に、政策に関する知的な蓄積を活用すべきである。

２０２０年代について、一方で最悪シナリオを描き、国民と危機感を共有することが必要である。そして、地獄図を防ぐためにどのような政策が必要か、良いシナリオを提示することが必要である。野党とは、自由な立場で大胆に政策を論じることができるという点で、構想力については優位な立場にいるということもできる。立憲民主党の結党によって生まれた、政治において理念、理想を追求する機運を別の選択肢の構築につなぐことが求められている。

鼎談

# 第2章

# 平成の終わりに見えてきた次の時代の政治のカタチ

山口二郎
*Yamaguchi Jiro*
×
外岡秀俊
*Sotooka Hidetoshi*
×
佐藤章
*Sato Akira*

## 希望の党の「排除宣言」をどう受け止めたか

**佐藤章（以下、佐藤）** 平成という年号の最後の選挙になるのかどうか分かりませんけれども、今回の選挙の結果、自民党が大勝をして自民党と公明党は衆議院の3分の2の議席を得ました。一方、立憲民主党が野党第一党に、それから希望の党が第二党になるという結果になったわけですね。今回の選挙は、いろいろな経緯を辿って、政治家そのものも、有権者そのものも非常に動揺して、いろいろと揺れ動いた選挙であったということが言えると思います。

ちょっと振り返ってみますと、これは安倍政権の非常な特徴だと思うのですけれども、大義なき解散というか、党利党略を丸出しにした解散が今回も繰り返されたわけです。それを受けて、まず小池百合子東京都知事が打って出るかのように希望の党を立ち上げました。するとほとんどその直後に、前原誠司民進党代表が、なだれ込むように合流を図る。それに対して、小池さんが排除宣言をして、その後凋落《ちょうらく》していく。そして、そのまま選挙の結果につながっていくという経緯を辿りました。そこでこの経過を振り返りつつ、山口さんにはぜひともお話をお聞きしたいと思っているのです。

といいますのは、やはり、山口さんはこの間、非常に特異な経験をされたのでは

**◉今回の選挙**
第48回衆議院議員総選挙。2017年9月28日解散、10月10日公示、同22日投票。
**◉小池百合子**
1952年生。自民党政権では環境相、防衛相、総務会長などの要職を務める。自民党離党後、2016年に東京都知事に当選し、都民ファーストの会を立ち上げ初代党首に。また希望の党も創設し、初代党首にも就任した。
現在は希望の党の特別顧問の地位にあるが、本書制作の現時点で、希望の党からの離党調整が進められているとの報道がある。

ないかと思うのですね。山口さんは、市民連合の世話人として、野党統一を目指して、非常に熱意をこめて運動をされてこられました。そして、その過程の最後の段階に来て、小池さんが希望の党を立ち上げて、問題の排除宣言をしました。そして、その排除宣言の後ろにある思想は、リベラルと言われる思想体系とは反対の極にあるような考えでした。このため、国会前の集会の後の取材に対して、山口さんは「実は頭を抱えているんだ」というような発言をもらしたという場面が新聞記事に載りましたね。これはさもありなんと思ったわけですけれども、そのあたり、少し体系的に振り返ってみていただけますでしょうか。
**山口二郎（以下、山口）** 時系列的に振り返ると、9月26日午後に市民連合が当時の四野党の幹事長、書記局長と個別に会談して、7項目の政策要望を提出して、安倍改憲反対を中心とする政策合意を作ったんですね。これにはいろんな準備工作があって、連合にも根回しをして、民進党が市民連合と協定を作ることは認めるということで、共産党を含む野党協力について連合まで一応了解をもらったうえで、四

## 大義なき解散、党利党略を丸出しにした解散が今回も繰り返された——佐藤

**◉前原誠司**
1962年生。民主党党首、民進党代表。2017年10月30日、総選挙での敗北の責任をとって民進党代表を辞任。11月2日に民進党に離党届を提出、その4日後に希望の党に入党届を提出した。

**◉排除宣言**
9月29日、希望の党代表だった小池百合子東京都知事が、合流・公認を求める民進党立候補予定者について「全員を受け入れることはさらさらない」「排除いたします」と述べ、改憲、安保法制などについて「踏み絵」を踏むことを求めた。

野党に働きかけをして、市民連合をブリッジとする野党協力体制ができたと思ったわけです。

しかし、26日の夜、家へ帰って、ある政治記者に電話をして今日はやったぞ、という話をしたら、先生、ちょっと違うよ、と言われました。前原と神津◉（里季生《りきお》）連合会長が小池に会いに行ったよ、何か起こるんじゃないのと言われて、私はそれを聞いた瞬間にしまった、というか、やられたと思いました。つまり共産党を含む野党協力を追求するリベラルグループを切り捨てて、右側でくっついて、今度の総選挙を戦うということを前原は決断したのだな、と。しかも、神津がそれについて行っているわけだから、連合もそういう希望プラス民進を応援するという体制を作るということが見えて、誠に暗澹《あんたん》たる気分になったわけですね。

そのあと、27日に前原が民進の候補はみんな希望に公認申請を出して、希望から立候補するという方針を示した。これが案外すんなり受け入れられて、28日、解散の日の民進の両議院総会で合流方針が決まるという展開になった。

その後、佐藤さんがおっしゃったように、解散の日、私、国会裏の集会へ行って演説をしたあと、朝日の取材を受けて、頭を抱えています、って言ったわけですね。要するに、安保法制反対運動以来、市民連合が進めてきた野党協力路線が完全に壊れたわけで、民進プラス希望対共産・社民という構図では身動きが取れない、何も

**◉市民連合**
野党統一候補擁立を目指して結成された市民団体。「立憲デモクラシーの会」、「安全保障関連法に反対する学者の会」などの団体が参加。2015年12月に発足した。16年7月に行われた第24回参議院議員選挙では、32の一人選挙区すべてにおいて、野党統一・市民連合推薦候補の擁立を実現し、11の一人選挙区で勝利。比例代表においては、野党4党で44の議席を獲得した。

**◉「実は頭を抱えているんだ」…**

2017年9月29日付朝日新聞朝刊。解散の日の段階では、民進

できないという状況になったわけですね。

## リベラル新党を作るしかない

しかし、29日ぐらいから状況がだいぶ変化しました。例の「サラサラない発言」とか「排除発言」が出てきて、民進党の議員がみんな希望から出られるわけではないということがはっきりしてきたわけですね。29日の夕方ぐらいから、私はもう、ここまで来たらリベラル派は新党を作るしかないだろうという判断を固めました。

この26日から29日ぐらいの2日間、3日間というのは、本当に困惑した状況でした。当初、小池新党と民進が手を組むというのは、安倍政権を倒す、自民党を過半数割れに追い込むためには一つの有効な手立てなのかもしれない、と肯定的に受け止めた時期もありました。例えば辻元清美◉は、自分は排除されるとその時思っていなかったから、前原さんが小池と組むと言っているなら、それも一つの戦略じゃな

## 前原と神津連合会長が小池に会いに行ったと聞いた瞬間に、やられたと思った——山口

---

党が消滅し選択肢がなくなることへの危機感が大変強かった（山口）。
◉神津（里季生）
1956年生。新日本製鐵に入社後、労働運動畑を歩む。2015年から連合会長に。17年の総選挙では特定政党の支援を見送り、民進党出身者を個別に支援する意向を示した。
◉辻元清美
1960年生。96年、衆議院選挙にて初当選。社民党、民主党、民進党を経て、現在は立憲民主党の国会対策委員長。

# 希望から排除 小池氏次第

## 野合批判を懸念「左だからダメ」

乱気流
2017衆院選

新党「希望の党」を率いる小池百合子・東京都知事が「排除の論理」を持ち出した。衆院選を前に、事実上の解党で公認申請した民進党出身の候補者を独自の基準で選別する。新党との対決姿勢を強める共産は、ふるい落とされる議員との連携に乗り出した。

▼1面参照

「排除いたします」

小池氏が、29日午後の記者会見で言い切った。

約6時間前、小池氏は東京都内のホテルで民進党の前原誠司代表と会談。民進を離党し希望の党に公認申請する候補者について、調整を急ぐことを確認した。

自民党から旧社会党出身者まで、幅広い人材を抱えた民進党。引退議員を除いて前職は81人、元職・新顔の公認内定者137人と合わせると218人に上る。前原氏は「民進党すべての候補予定者を公認してほしい」と記者団に語った。

小池氏の宣言は、こうした前原氏の意向を否定し、「排除の論理」で絞り込みを図るというものだ。「野合批判」を避け、民進色を振り払う狙いがある。前日の会見では、安全保障法制への賛否を条件に挙げ、この日は「安全保障、憲法観といった根幹の部分で一致していることが政党の構成員として必要最低限のことだ」と断じた。

だが、固まった政策体系を持たない新党だけに、排除するかどうかの実態は、小池氏の一存による選別となりそうだ。党関係者によると、28日に民進側から候補予定者のリストをもらった小池氏は都内のホテルにこもり、「それは左だからダメ」などと日本地図を片手にスタッフに指示を飛ばしたという。

希望の党には、過去の発言をチェックし、外国人参政権付与への賛成者を候補リストから外すという意見もあるという。小池氏は会見で「これまでのお一人お一人の考えを踏まえながら判断する」と述べた。

小池氏に公認候補の調整を指示された若狭勝・前衆院議員は29日に出演したBS番組で「これから絞った形で面接したい。私は検事として26年間やってきた。ウソの見抜き方は専門だ」と述べた。ただ、公示が近づく中で時間もあまりない。

結局は、民進からの合流組の中で、象徴的な「排除の理由」がある政治家をターゲットにする可能性が高い。

そこで焦点になりそうなのが、菅直人、野田佳彦の両元首相だ。希望の党に移った細野豪志・元環境相が28日夜、記者団に「三権の長（の経験者）は民進党で中核的な役割を果たしてきた方なので、ご遠慮頂くのがいい」と語ったためだ。

小池氏自身は細野案を「一つの考え方」としたが、かつて郵政選挙で刺客第1号として注目を浴びた経験がある。特定政治家を排除する手法や過程を通じて選挙戦で注目を集め、「劇場型」の展開を想定しているようだ。結党に参加した一人は、「彼女の視点はメディア戦略、大衆扇動だ」と評する。

## リベラル系は不満

## 共産、再結集狙う

細野氏から「排除の論理」の的にされた野田元首相は、29日朝、千葉県船橋市内でビラを配っていた。記者団には「あえて先に離党していった人の股をくぐる気はまったくない」と細野氏への怒りをにじませた。

前日には小池氏を「勝負勘のすごい人」と持ち上げたばかり。公認の取り扱いについては「小池さんと前原さんの判断に任せたい」と述べた。菅元首相は29日、自身のブログに「安倍自民党政権を倒すための決断という前原代表の提案に賛成した」とつづったが、「政権交代の実現と同時に、原発ゼロの実現のためどういう選択をするべきかを考えている」と記すにとどめた。

希望の党入りには、民進のリベラル系を中心に違和感を抱える前議員が少なくない。北海道8区から立候補予定の前職逢坂誠二氏は記者団に「党としての基本理念が全く見えない」と語り、無所属での立候補に意欲を示した。だが、無所属で戦うと比例復活はなく、選挙戦でもハンディを背負う。「最も問題なのはお金」と述べ、「最終決定ではない」と迷いを見せた。こうした議員らが新たに党をつくる構想も民進内では語られているが、10月10日の公示まで時間的余裕がなく、選択肢は狭まっている。

こうした中、共産党の志位和夫委員長は29日、横浜市内の街頭演説で「野党第1党がこんなにも無残な形でプライドを投げ捨てていいのか」と前原氏を批判。

「排除の論理」には、民進最大の支持団体である連合も不快感を募らせる。神津里季生会長は29日、前原氏と会談し、排除の内容によっては「希望の党に協力できないこともあり得る」との考えを伝えた。希望から立候補しなくても連合として支援する方針だ。

## 「排除の論理」

### 「刷新」をアピール

### 民主結成時の流行語

「排除の論理」は、負のイメージの刷新を狙う局面で使われてきた。1983年、中曽根康弘首相は「田中排除」を打ち出した。自民党最大派閥を率いる田中角栄元首相が実刑判決を受け、総選挙で敗北。続投するうえで、総裁声明を出さざるを得なくなった。

96年には鳩山由紀夫氏と菅直人氏が民主党を結成する際、「排除の論理」という言葉が政界で流布。細川内閣で官房長官を務めた武村正義・さきがけ代表を非自民政権失敗の「戦犯」として、排除したためだ。

鳩山氏は武村氏を「（さきがけの）負のイメージを一人で背負い込まれてしまった」と表現。「排除の論理」は、鳩山氏の政治哲学だった「友愛」とともに、この年の流行語大賞になった。その後、鳩山氏は「（排除の論理と友愛が）矛盾していると悩んだ時期もある」と振り返った。

このとき、鳩山氏と組んだ菅氏は2010年、同じ民主党内で政治とカネの問題を問われた小沢一郎氏に対して「しばらく静かにして」と発言。首相として「脱小沢」路線を政権浮揚のテコにした。今回、小池新党から排除される可能性が出てきた菅氏には、因果がめぐっている。

朝日新聞 2017 年 9 月 30 日朝刊 2 面より。「排除」の文字が際立つ。

いの、という話をしましたね。いつまで純潔にこだわって、主義主張を貫いて少数派で負けました、という白虎隊の姿勢では政治は変わらないし、多少毒があっても、希望と一緒にやって、一気に自民党を倒すというチャンスがあるんだったら、それに乗っかる必要があるんじゃないの、みたいなことを言っていました。それが27日ぐらいの段階です。

しかし、希望が大阪の維新と提携して、大阪は全部維新に譲る、という判断をしたところで、辻元は斬られるということになったわけです。排除発言で、かなり民進のリベラル派は拒絶されるということがはっきりしました。30日から10月1日というのは、枝野幸男◉を中心とする民進のリベラル派に働きかけて、もうこの際、決断して新党を作れよ、ということをいろいろと画策していた頃ですね。「立憲民主」という名前は、別に私がつけたわけではないですが、30日に、新党を作るのだったら「立憲民主」がいいんじゃないのということは伝えました。

枝野としてはやっぱり、本当に、相当迷ったと思います。もう時間的にも新党を

## 枝野としては本当に、相当迷ったと思う――山口

◉**枝野幸男**
1964年生。民主党菅内閣で内閣官房長官、野田内閣で経産相などをつとめる。民進党では前原誠司と代表選を争って敗れた。2017年10月3日、自らが代表となって立憲民主党を結党。

立ち上げるには間に合わないから、無所属で出るしかないかなぁみたいな話を30日あたりはしていました。しかし比例のことも考えれば、やっぱり新党を作らざるを得ないだろう、と考えました。だから、なんとか大車輪で新党を作ってほしいということを市民連合として、というか、野党協力を推進してきた市民団体としてはずっと言い続けていましたね。

この30日、1日の週末というのは本当に、なんとも、なんとも切ない、辛い期間でありまして、1日の深夜というか、2日の未明ですね、夜中の1時ぐらいですかね、ある民進党の参議院議員の秘書をやっている人物から連絡があって、枝野が腹を括って、これから新党を作る事務作業を始めると、民進党の参議院議員の秘書が実務を手伝うということで動きはじめた、という話を聞いて、なんというか、ある意味安心して寝られたという感じですね。

そして10月2日の夕方に例の枝野単独の新党結成記者会見がありました。あとは一気に新党で選挙に取り組むという流れができてきたというわけですね。

## 前原誠司からの電話

もう一つ疑問は残ります。前原さんは何を考えていたのか。いろんな説があるし、本人もいろいろな自己正当化をしていますが、私はやっぱり、小池に騙されたと思っています。

10月2日の朝、10時前ぐらいに前原から電話がありました。枝野さん達が新党を作るという動きをしているけれども、それをなんとか止められないだろうかという話でした。ここで枝野が飛び出して新党を作る、ということになれば、希望の党はそれぞれ新党の候補者のところにぶつけざるを得ない。無所属だったら、まだ候補を擁立せず、事実上応援するという形ができるけれど、新党を作られたら、やっぱり戦わざるを得ない。もう一つ、基本政策の憲法についても、従来の民進の政策と矛盾しないような書きぶりで合意ができる、それから二百数十人の候補は希望から立候補できる、だからなんとか枝野の分派は止まらないかという相談だったんですね。

## 前原から電話があって、なんとか枝野の分派は止まらないかという相談だった——山口

Yamaguchi Jiro

私はもう、2日の朝の段階で、これは止まらないと思っていましたから、前原の電話は聞きおくだけにしましたけれども、新党結成の直前になっても、じたばた、私のところにまで電話してきて、なんとかなんないの、みたいなことを言うということは、やっぱり、まるごと民進党を連れて、希望から立候補するみたいなことを最後まで考えていたのではないですかね。
個人的には野党協力が一回壊れて大きなチャンスを逸したというのは、本当に不本意というか、残念でした。自民党がやった世論調査で9月末の段階でいえば、過半数割れもありうるという予想だったわけですね。だから安倍も相当慌てていたと思うんです。
**佐藤**　過半数割れありうべしという調査は、9月末ということですか。
**山口**　9月末の段階、解散の時ぐらいの調査です。
**佐藤**　希望の党が出てきた段階ですね。
**山口**　希望の党が100議席以上取るという前提でね。そういう意味で、安倍政治を止めるチャンスを逸したというのは本当に残念ですよ。それは、本当に前原さんの致命的な判断ミスだったと私は言いたいと思います。
が、他方でなんかすっきりしたなと清涼感もあるんですね。民主党を立ち上げてから民進党に至る20年、ともかく、私は常に民主党、民進党のリベラル側と付き合って、政策的な提言をしてきたわけだけど、いつも右側との戦いがあって綱引きをしながら政策をいわば妥協し、角をけずり、ということの繰り返しだったので、今回は、非常にすっきりした主義、主張を持った新党ができて、心置きなく応援できるという爽快感が非常にありました。同じことを感じている有権者、市民は相当多かったと思います。
**佐藤**　希望の党の若狭勝◉さんがあるメディアで回顧されていて、前原さんというのは一体、騙されたのかどうか分からないけれども、基本は民進党の全員が合流することになっていた、ということを思い出されて発言されています。だけれども、小池さんが、排除するということを言い出した、という経緯だそうなんですね。そういうことから言えば、やっぱり、今のお話と符合するところがあります。やはり前原さんは騙されたのかな、というところですよね。

**安倍政治を止めるチャンスを逸したのは本当に残念。他方で非常にすっきりした主義、主張を持った新党ができて、心置きなく応援できるという清涼感もある——山口**

**◉若狭勝**　1956年生。検事、弁護士を経て、2014年の第47回衆議院議員総選挙に出馬し、自民党比例区で初当選。17年7月13日、日本ファーストの会を立ち上げ、代表に就任。10月、第48回総選挙に希望の党から出馬し、小選挙区で落選。比例区でも復活当選はならなかった。

## 民進党解体の意味

**山口**　もうちょっと学者としての巨視的な総括をするならば、94年の選挙制度改革と新進党以来の野党再編の、20年余りの挑戦というのが、結局決定的に失敗に終わったというのが、今回の民進党解体の一番の重要な意味だと私は思っています。つまり、小選挙区を導入して自民に対抗する大きな野党の塊を作るというプロジェクトが上手《うま》く行かない。失敗はこれで3回目なんですね。新進党の解体、２０１２年の小沢一郎◉さんの離党・民主党の分裂、今回の民進党の解体。だから小選挙区で勝つために、主義主張の違いはさておきみんな集まろうというロジックの野党再編というのは、やはり決定的な失敗に終わった。私はそう思っています。
**佐藤**　そのお考えは、すでに山口さんの中で結論が出ているのですか。
**山口**　結論は固めました。3回やってうまく行かないんだから。駄目なんですよ、やっぱり。
**佐藤**　そこのところでね、小選挙区はやっぱり日本にあっていないんじゃないのか◉ということがあります。そういう議論も一つあり、もう一つはやっぱり小選挙区を捨ててしまうのは惜しい、という考えもあります。なぜかというと、今回は、自民党一党に対して、立憲民主党と希望の党を合わせると、得票数で上回っている◉、と

**◉小沢一郎**
１９４２年生。幹事長まで務めた自民党を飛び出し、新生党、新進党、自由党、民主党などをつくり、現在自由党代表。新生党と民主党時代に、二度の政権交代を実現させた。

**◉小選挙区はやっぱり日本に…**
全国２８９の小選挙区では、自民党は得票率48％に対して75％の議席数を獲得した。

**◉立憲民主党と希望の党を合わせると…**
政党名で投票する比例区では、自民党の得票率33％に対して、立憲民主党は20％、希望の党は17％だった。単純合計すれば、野党二

いうことがあるのですね。つまり、やり方がまずかった、やり方によっては、やっぱり政権交代はできるのだ、という考えです。ところが中選挙区に戻すとやはり政権交代は非常に難しいということで、これを捨ててしまうのはまだまだ惜しいという見方もあるんですよね。そこは、非常に難しい問題だと思うんです。

**山口**　私は政権交代を起こすためには小選挙区でなければならないというわけではないと思います。例えば、比例代表であれば、文句なしに自民党は単独過半数を取れないわけですから。なんらかの連立政権なり、あるいは野党連合による政権交代というのは可能になるわけなので。小選挙区でなければいけないという議論はもう、やめたほうがいいと思いますね。

ただ、そうはいっても、実際に、小選挙区を変えることは難しい。小選挙区で一番恩恵を得ている自民党が圧倒的多数を握っているわけですから、この制度を変えるというのは、非現実的です。そうすると、選挙制度にいろいろ不満はあるし、批判もするけれど、今の制度で自民党を倒す勢力を構築するということも常に課題で

**小選挙区で勝つために、主義主張の違いはさておきみんな集まろうというロジックの野党再編というのは、決定的な失敗に終わった——山口**

党は自民党を220万票上回った。

あり続ける、と。ただ、対抗勢力を作るときのその組織論というか、構築の論理として小選挙区を生き残るためにみんな集まれ、ではもはや駄目ですよ、やっぱり。
**佐藤**　そこでね、その枝野さんが、立憲民主党の党首・代表として、これまでのような数合わせの考え方では駄目だ、ということを発言していますね。とにかく、選挙のために集まれ、ということで数をどんどん合わせて、そして、戦って勝っていくというやり方ではもう駄目だ、と言っているのですね。その考え方は、単に数を合わせるのではなくて、今の勢力で政権構想などの準備をどんどんしていって、時間はかかるけれども、政党を育てていく。それで最後に逆転するんだと、こういう発想と思想だと思うのですね。その考えも、非常によくわかります。
**山口**　政策的な純粋性と一貫性と政党としての幅の広がりっていうのを両立させる、難しい課題に取り組むことが必要ですよね。だから、共産党みたいに一貫性だけ強調して凝り固まるのでもなく、98年以降の民主党のように政策の基軸はあいまいにしておいて、ともかく非自民ということで集まれという組織構築でもない、別の野党の作り方をこれから模索しなければいけない。

## 排除発言の「正当性」と希望の党の失速

その時に、本当にごく少数の最も中心的なテーマではっきりとした旗印を立てて、妥協を許さないことが必要となります。例えば、私は原発問題が関心の中心にくると思うのですけど、妥協を許さないテーマを二つ、最大三つぐらい保持しつつ、その他の問題では現実的に対応していく、みたいなイメージです。基軸を立てながら支持者や民意を増やしていくという野党の構築を図るべきだと思うんですよね。やっぱり、とりあえず数を増やすために、なんでも来い、というと、かつての民主党のような、何をやっているのか分からない政党になるわけで、それではやっぱり限界があるわけですよね。
**佐藤**　その意味では希望の党の排除発言というのは、政党を捉える意味で正当ではあったんですよね。つまり、安全保障に関して、あるいは憲法に関して考え方が全然違うということであれば一緒にやっていけません、ということで、そういう人は

**希望の党の排除発言というのは、政党を捉える意味で正当ではあった——佐藤**

来ないでくださいと門を閉ざすのは当然だと思うのですね。
その反面、小池さんは、非常に矛盾している。小池さんは、憲法、それから安保についても自民党と全く同じですよね。ということは、なぜ自民党から出たんだということなんですね。
**山口**　だから、排除という政治姿勢が反撥《はんぱつ》を招いたことは確かだけれど、憲法について自民党と同じ、ないし自民党よりもっと右のような政党をもう一個作る必要はないという国民の反撥が、やっぱり希望の失速を招いたと私は思いますけどね。
**佐藤**　なるほどね。そのあたりはあとで詳しく論じたいと思うのですけれども、外岡さんにぜひともお聞きしたいと思うのは、日本だけではなくて、現在の国際的な情勢からして今回の日本の政治の動き、揺れといったものをどう捉えるのかということです。
**外岡秀俊（以下、外岡）**　その前に、今の補足で山口さんに伺いたいのですが、前原さんと小池さんの間にどういう行き違いというか、誤解あるいは齟齬《そご》があったのか分かりませんけれども、民進党の両院議員総会で、前原代表の提案を受けた人たちが、ほとんどなんの異論もなくそれを受け入れてしまった。そのほうが私はむしろ、政党の在り方として、問題だと思うのですけれど。
**山口**　それは、おっしゃるとおりですが、解散の日に選挙に取り組む方針を示されて、そこで時間をかけて議論をするというのはやっぱり、実際不可能ですよ。解散の瞬間、みんな、もう、選挙区に帰って、選挙準備をしなきゃいけないわけですから。
**外岡** いったんは政権を担った政党が、他の政党に合流という形で解党して、それで有権者は納得するというふうに考えたのかな……。
**山口** いや、それは私も大いに疑問ですね。なんでそんないいかげんな意思決定をしたんだと確かに私も言いたいです。
**外岡** 選挙のあとも、形だけにせよ、参院を中心に民進党は生き残ったわけです。じゃあ、あの決定はなんだったんだろうと、未だにほとんどの有権者は、支持者も含めて疑問に思っているのではありませんか。そこの部分の総括なしに、再編だなんてとんでもない、というふうに私は思います。
**山口** そうですね。希望の党から出て政治家を続けている人たちはやっぱりその点、説明責任がありますよね。
**外岡** ありますよね。本当に。私はその点について、いまだにすごく不思議に思っ

**憲法について自民党と同じ政党をもう一個作る必要はないという国民の反撥が、希望の党の失速を招いた——山口**

ているものですから。

## 国際情勢のなかの国内政治

それで、世界との比較というか、その中でどう受け止めたらいいのかという問題提起をいただきました。

私は、去年から世界で起きていることは、各国で全く違った形で噴き出ていますが、大きな潮流としてはやはり、21世紀初頭からずっと続いている行きすぎたグローバリズムが一つの転換点に差し掛かっている、と言えるのだと思います。グローバリズムが各国の社会の内部に格差拡大という矛盾を広げ、かなり目に見える形で各国共に亀裂を産んでしまっている。

それともう一つは、やはり2001年から始まるテロの問題ですよね。それは、日本ではとりあえずは直接の脅威を感じていないかもしれませんが、少なくとも、アメリカとヨーロッパではそれが非常に大きな形となって、社会にのしかかっている。一言でいうと、今の世界各国で起きている流れというのは、一つは安定志向、安心志向、内向き志向という、そういう流れだと思うんですね。

もう一つのベクトルというのは、既成勢力ですね、これは、マスコミも含めて、エスタブリッシュメント（establishment）に対する不信や不満ですね、それがSNSなどを通じて増幅して還流し、有権者が政治全般に対するその不信みたいなものを感じている。これはアメリカもヨーロッパも共通していると思うのですが。じゃあ、日本はどうかというと、日本は、ある意味で、山口さんがさっきおっしゃったように、第三極をめぐる浮動層の期待が裏切られることが、20世紀末からずっと続いているわけです。それが最後に今回、破綻《はたん》してしまったということになります。じゃあ、その不信感は今、どうなっているかというと、それが今回の投票率の低さの表れという形になって出てきているのだと思うんですよ。

投票率の低さの原因をどこに求めるのかは別として、その二つの流れは、基本的にはアメリカもヨーロッパにも共通している。

米国では、やはり16年11月のトランプ大統領の当選ですよね。沈滞が続くかつての重厚長大製造業の拠点、米東北部の数州にまたがる「ラストベルト◉（錆びついた地帯）」にいる白人の貧困層を中心に、「忘れられた人々」に対して、トランプ陣営は

**エスタブリッシュメントに対する不信や不満がSNSなどを通じて増幅して還流し、有権者が政治全般に対する不信を感じている——外岡**

**◉ラストベルト**
ミシガン州・オハイオ州・ウィスコンシン州・ペンシルベニア州などの米国中西部から北東部に位置する、鉄鋼や石炭、自動車などの主要産業が衰退した工業地帯の呼称。「ラスト」とは金属が錆びた（rust）の意味。
ラストベルトの実状については、朝日新聞の金成隆一記者が、トランプを支持する同地域の労働者たちを取材したレポート「米国ラストベルトに通い詰めて労働者たちの本音聞いた」（朝日新聞デジタル）に詳しい。

猛烈に働きかけた。「偉大なアメリカの復活」を訴えて、かつての民主党の支持基盤であった労働組合の票を、さらったわけです。
あるいは、その前にイギリスで起きたEU離脱◉の国民投票です。これも基本的には、地方にいるイギリス人の高齢者層が「離脱」投票の中核になっていると思います。この人達も既成政党から「忘れ去られていた」存在だろうということです。だから、その流れがドイツでは、今回はメルケルさんが一応再選を果たしましたけれども、「ドイツのための選択肢◉」という新興右派の政党が不信・不満票を集めて躍進し、第三党になった。あるいはオーストリアの選挙で中道右派が出てきて、さらにその右に自由党がいる◉という構図になっている。
90年代、00年代に続いてきた「中道右派か、中道左派か」という選択肢が、今やどこの国でも崩れ、突出した右とか、あるいは突出した左という形で分裂しつつある。左右の先端のほうに、有権者の票が分散しつつあるというのが今の現状だろうと思います。そういうふうに考えてみると、安倍さんというのはどちらかというと、自民党の中でも突出した右ですよね。だから、さっきの構図でいうと、自民党がこれだけ「信頼されている」というよりも、安倍さん的な価値観の突出している部分が、他のアメリカやヨーロッパと同じように不満票・批判票を引きつけている可能性があるのではないか、と。

**◉EU離脱**
通称「ブレグジット」。2016年6月23日の国民投票の結果、離脱支持＝51・89％、残留支持＝48・11％という僅差で、イギリスは欧州連合（EU）からの離脱を決めた。

**◉ドイツのための選択肢**
Alternative für Deutschland 略称はAfD（アーエフデー）。2013年、ギリシャ経済危機を契機に反EUを掲げ、ドイツのEU離脱などを目標として結成された右派政党。

**◉オーストリアの選挙で中道右派が…**
2017年10月15日

「中道右派か、中道左派か」という選択肢が、今やどこの国でも崩れ、突出した右とか突出した左という形で分裂しつつある——外岡

トランプ米国大統領の支持者たち。米国の斜陽産業が集中するラストベルト（錆びついた工業地帯）から熱い支持を受けた。

**山口**　そうですね。安倍は権力者だけどエスタブリッシュメントとはちょっとずれているというところがなんとも言えない特徴です。従来のエスタブリッシュメントと、右側の不満を持った人々を吸収するアンチ・エスタブリッシュメントの右派が合体した形で、今の安倍自民党があるわけですよね。だから、かつての経世会、宏池会的な安心、安定の自民党は本体として残っているけれども、それをいわばハイジャックする形で極右が、あるいは、安倍一派が乗っかっているという構図ですね。そこにいわば旧来の自民党政治からあまり恩恵を受けていなかったような人たち、若者などが寄ってきている、ということができると思います。
**佐藤**　従来の自民党のスタンダートな見方からすると、自民党議員の出身は、例えば東大出身で、文科省とか財務省とか官僚出身それが半分くらい、あとは、まさに世襲議員ということで、この二つのタイプに分かれるわけです。安倍さんはもちろん、世襲議員ではあるけれども官僚じゃない◉ということで、エスタブリッシュメントという肌合いとはちょっと外れるかなという感じはありますね。
今の外岡さんの話で連想するのはやっぱり、歴史的にちょっと飛んじゃいますけども、第二次大戦前にナチスが出てきたときのドイツの状況に似ている感じがあるような気がするのですね。
**外岡**　その関連で申し上げますと、今回、解散になったとき、安倍さんは「国難突

の総選挙で、31歳のクルツ外相率いる中道右派の国民党が、中道左派の社会民主党を抑えて第一党に。組閣にあたって国民党は、元ナチス関係者が結党に参加した第三党の極右政党・自由党と組んで連立政権を樹立した。

**◉安倍さんはもちろん、世襲議員…**
安倍首相の父親は元外相の安倍晋太郎、父方の祖父は元衆院議員の安倍寛、母方の祖父は元首相の岸信介、大叔父に元首相の佐藤栄作がいる。安倍首相自身は成蹊大学卒業後、神戸製鋼所に入社。3年間勤務の後、父・晋太郎の下で秘書官を務め、官僚経験はない。

破」という言葉を掲げた。歴史研究者の半藤一利さんがその直後に朝日新聞のオピニオン面で、インタビューに答えていらした。半藤さんは、1938年、日中戦争に深入りしていくきっかけになった、近衛内閣の「蒋介石を対手《あいて》とせず」という声明◉を出した、そのときのことを想起するというふうにおっしゃっていた。

つまり半藤さんの問題意識として、北朝鮮を念頭に置いて、平和か、それとも戦争に突き進むのか、みたいな分岐点にさしかかっているんじゃないかという危惧を感じていらっしゃる。それを読んで私は、今はもうちょっと前じゃないかと思いました。それは何かというと、日本にもかつて、戦前に「二大政党」があったわけですよね。立憲政友会と民政党◉。この二つが交代して、大正末期から昭和の初めにかけて、8年間でしたけれども、一応、政党政治というのがあった。それがだんだんと崩れていったというそのあたりに、非常に今の状況が似ているという気が私にはしているんです。

**山口**　政党が全部崩れていくというより、自民党が常に力を持っていて、他の勢力

**旧来の自民党政治からあまり恩恵を受けていなかったような人たちが、安倍政権に寄ってきている——山口**

**◉近衛内閣の「蒋介石を対手とせず」**…

1937年に南京を攻略した近衛文麿政府は、日中戦争にケリをつけるべく、翌38年1月16日、蒋介石率いる国民政府に和平交渉を持ちかけた。しかし蒋介石が徹底抗戦の構えを崩さなかったため、「国民政府を対手とせず」という内容の交渉打ち切り声明を発表（第一次近衛声明）、ならびに駐華大使を本国に召還。これにより日本政府は、戦争終結の手がかりを自ら放棄することになった。

**◉立憲政友会と民政党**
1925（大正14）年の男子普通選挙法とともに本格的政党政治

がどんどん崩れていく、というか、風化している、というか、なんかそういう状況ですよね。
**外岡**　なんというか、政党間のバランスが効かなくなってきていて、政治に復元力が働かない。有権者が議会そのものに対して、ある意味で、あきらめというか、期待を持てなくなってしまっている。
**山口**　そうですね。議会の空洞化が安倍政権時代に非常に進んでいて、なんとも言えないシニシズムと無力感ばかりが高まっている。

## 若者のシニシズムと実感のない好景気

**佐藤**　まさにシニシズムの空気は、非常にあるのではないか、と思うんですけれども、先ほど外岡さんがおっしゃったように、各国とも似ている状況にあるのではないか、という気がします。やはり、日本の場合、経済状況が実態として良いのか悪いのかよく分からないという状況があります。景気動向を示す指数は若干良くて、好景気が戦後最長を更新する、というような話はあるんだけども、実感がない。実感がないというのは、実質賃金が上がらないというようなことに如実《にょじつ》に出ていると思うんですけれども、それと同時に、おっしゃったような二極化が進んでしまって

の時代が到来、立憲政友会（政友会）と立憲民政党（民政党）が二大政党制を実現させた。

しかし、32年の五・一五事件による犬養毅内閣崩壊以降、政党政治そのものが弱体化。40年には両政党ともに解党して大政翼賛会に合流した。

いると思うんですね。

特に若者に目を向けると、以前から「ネカフェ難民」とか言われて久しいですね。このような若者は相当いるでしょう。この若者たちは、どういう希望を抱いて生活をしているのだろうということを考えざるを得ない状況ですね。そういう人たちはいったい投票に行くのだろうか。投票に行かないという人がたくさんいると思いますけれども、行っても、じゃあどこに投票するかというと、安倍政権のほうに吸い込まれていく、というような状況です。結局、安倍政権のやっていることは、例えば、非正規雇用に対して決して親切な政策はとっていないのですけれども、結局そちらのほうに吸い込まれていってしまうことがあると思うんですね。

経済的に困っている、あるいは生活の希望が見えないときに、人間というのはいったいどういうことを考えるんだろうかということを思います。例えば、先ほどもちょっと申し上げたナチス登場の頃のことを考えますと、窮状にある若者は、「俺はユダヤではない、ドイツ民族なんだ」と考える。アメリカで言えば、「俺はブラッ

## 政党間のバランスが効かなくなって、政治に復元力が働かない——外岡

クやイエローではない、白人なんだ、ホワイトなんだ」と考える。そして日本であれば、「俺は中国人ではない、大和民族なんだ」という大きい帰属意識に惹かれる。こういうことが歴史的にあてはまるようです。

まさに戦前のドイツの場合は、反ユダヤ感情からナチスの運動が勃興してくる過程をハンナ・アーレント◉が分析していて、『全体主義の起原』という著作で一つひとつ説き起こしているわけですけれども、現在の日本でもそういう状況が非常に似ているのではないかと思います。例えば葦《あし》津《づ》珍彦《うずひこ》◉を愛読するような本物の右翼ではない、いわゆるネトウヨと言われるような若者たちの心情というのは、アーレントが分析したようなそれに非常に近いんじゃないかと思うんですね。そこのところで政権党、特に現在の安倍政権に吸い込まれてしまう。若者の保守化ということが言われている状況がありますが、そのあたりの状況が影響しているのではないかと思うんですね。

**山口**　経済がうまく行っていないとか、一般の人々にアベノミクスの恩恵がないというのは、我々はよく批判するのですけれども、若者はそんなに悲惨な状態にいるわけではない。というのは、やはりこの数年、就職がすごくいいのです。だから、20歳前後の人たちが今の政権を支持するのは非常に当たり前です。

だけど、就職がいいというのはアベノミクスが成功しているからではない

◉ハンナ・アーレント

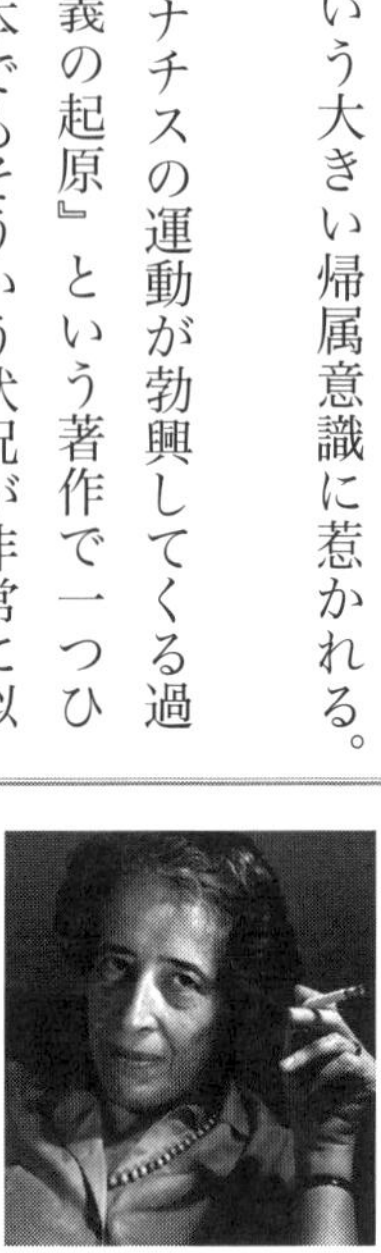

1906～75年。ドイツ出身の哲学者、思想家。ユダヤ人だったため、ナチス台頭のドイツから米国に亡命。全体主義を生む大衆社会を分析した。『全体主義の起原』『エルサレムのアイヒマン』などの著作がある。

んですね。要するに人口減少、労働力人口が減少しているから、どこも人手不足になって、ともかく人を雇うことが進んでいる。結局、今の就職状況の良さというのは国力の衰弱の表れなんですよね。

だから、別に喜べる話じゃないいんだけれど、やっぱり、現に、大学生とか就職活動をやっている人たちから見れば、とりあえずは、現状を肯定するわけですよね。だから、アベノミクスの円安による輸出企業への恩恵にしても、なんか、いろいろなものを叩き売ってどんどん自分の足場を掘り崩すことによって、つかの間の利益をもたらしているのが現状なのではないでしょうかね。

**外岡**　今回の朝日新聞の出口調査でも、若い世代が自民党に投票する傾向が出ているわけですけれど、基本的にはやっぱり、生活が前よりは良くなっているという、そういう意識なのだと思います。日本ではバブル崩壊後の1993年頃から2005年頃にかけて、「就職氷河期」が10年以上続いたわけですよね。それに比べるとやっぱり求人も増えて、という、良くなっているという実感は、若者を中心

**いわゆるネトウヨと言われるような若者たちの心情は、アーレントが分析したような戦前のドイツの状況に近いんじゃないいか——佐藤**

◉**葦津珍彦**
1909〜92年。日本の神道家、保守思想家、民族派論客。戦前、頭山満や内田良平などと交流があり、ナチス・ドイツや東条英機の政策を批判する論文が発禁になった。戦後、国体護持運動の最前線にあったが、天皇制を欧州政治思想史研究を視座としてとらえようとした。日本統治時代の朝鮮独立運動家とも交流があった。

にあるんじゃないかという気がします。

もっとも、この氷河期に正社員になれなかった人たちは、今は30歳代後半から40歳代前半になっていて、その後も非正規で働く人が多い。将来の社会において、とても大きな問題となるでしょう。その世代を見ている若者たちからすれば、雇用が増えて就職も売り手市場になった安倍政権の経済政策のほうが、魅力的に映っているのかもしれない。

60年代に「朝日ジャーナル」という雑誌がありましたよね。そのときに対談か鼎談だったと思うんですけど、それを読んでいたら、ある評論家が「いや、デモクラシーというのは、『でも、暮らしいい』じゃないか」という発言をしていた。いろいろと社会に不満不平はあっても、「暮らし向き」で投票を決める。日本では「民主主義」が、そう受け止められている、という発言でした。今でもはっきり記憶に残っています。まぁそういうふうに、憲法とか、安保とか問題はあるけれど、「でも、暮らしいい」じゃないかという、そういう意識が、基本的には、若者の自民党支持傾向になっているんじゃないか。そう私は思うんです。

つまり、憲法を変えたいとか、そういう意識で支持している人はあまりいない。だけど、じゃあ、野党が自民党に対抗して、そういう経済政策なり成長戦略なりを打ち出しているかというと、これもまた、ちょっと心もとないということがあると

◉雇用が増えて…

人口の減少による人手不足は切実で、求人自体は増えている。しかし正規雇用の伸びは鈍く、対照的に非正規雇用が年々増えている。厚生労働省の資料『「非正規雇用」の現状と課題』によると、2016年の非正規雇用労働者数は2033万人だったが、これは25年前の1991年の数値(897万人)の倍以上に当たる。

思うんです。でも、そちらについては山口先生もどちらかというと、「いや、いや、成長戦略というよりも、再分配だ、そっちの問題だ」というふうに思っていらっしゃると思うのですけれども、その辺はどうですか。若者の期待に応えるべきではないかということについて。

**山口**　いや、生活を支えるというのが政治の課題ですから、そこに背を向けるわけにはいかない。結局、人々の生活の苦労を放置すれば、やっぱり、トランプなり、ブレグジット（英国のEU離脱）なり、そういう安定した政治的なシステムをむしろ壊すという破壊的な衝動を大きくするという副作用があります。私ももちろん、社会民主主義的なある種の再分配政策が必要となると思うのです。

実際に、人口がどんどん減っていく日本においてそんなに経済成長っていうのは難しいわけで、持続可能な経済のイメージを打ち出して、金子勝◉さんなんかが言っているように再生可能エネルギーを中心として、新しい産業を作っていく、と、そういう議論が本当は必要なのですよね。


**憲法を変えたいとか、そういう意識で自民党を支持している若者はあまりいない——外岡**

**◉金子勝**
1952年生。慶應義塾大学経済学部教授。専門は制度経済学、財政学、地方財政論。『反グローバリズム　市場改革の戦略的思考』『新・反グローバリズム　金融資本主義を超えて』ほか著書多数。

## 放たれなかったアベノミクス三本目の矢

**佐藤**　そこのところで、例えばアベノミクスを考えるとですね、一本目の矢は金融緩和で、二本目の矢は公共投資、そして三本目は新しい産業を創出するということなんですけれども、三本目はなかなか出てこなかったですよね。今も出てこないという状況があります。しかし、考えてみればそれは当然のことで、新しい産業などが掛け声だけで出てくるものじゃないですよね。

ではどうやったら出てくるのか、というときに、まず誰もが考えるのが、やっぱりＩＴ関連だと思います。だけど、ＩＴ関連の新しいタイプの企業というのは日本では出てこない。なぜかというと、これは、ＩＴゼネコンという、わけのわからない巨大な障害物、壁の存在が大きく立ちはだかっているためなんですね。これは例えば、ＮＥＣであるとか日立であるとか富士通であるとか、あるいはＩＢＭや最近ではソフトバンクとか、いわゆるＩＴ系のゼネラルコントラクター◉である巨大ベンダー、そういうところがマーケットを寡占的に抑えてしまっている。

例えば、地方自治体を顧客にした一大マーケットがありますが、自治体はＩＴを上手に使いこなして市民生活の利便性を高めていかなければいけないわけですね。

**◉ゼネラルコントラクター**
General Contractor の略で、土木建設業界におけるゼネコン、総合請負業者のこと。大規模公共工事などを総合的に受注し、実際の工事は下請け、孫請けの業者に渡していく、土建業界の総合商社的存在。

ところが、自治体は、そういうITを自分で構築するのではなく、ITゼネコンに丸投げをしちゃっている。丸投げしているものだから、自治体にとっては大から小までITシステムがブラックボックス化してしまっているんですね。そうすると、一体何を作っているか、自治体の担当職員はその中身について何も知らない、という事態が起きている。ということは、いわゆるITゼネコンの言い値で毎年毎年買っているに過ぎないんです。

すると、どういうことが起きるかというと、ベンダー側にとっても技術革新がまるで起きないんですね。つまり、技術革新の需要がないから供給側もやる必要がない。「買ってくれるならやりましょう、今年も同じものでいいや」となるわけです。というわけで、日本では、ITゼネコンの大手が大市場である自治体マーケットを押さえてしまっているので、技術革新が起こらない。

ところが、韓国などではこれらは全部オープンになっているのです。ITゼネコンの存在がないのですね。そうなると、例えば若者がIT関連の起業をして、どん

## ITゼネコンという巨大な障害物が大きく立ちはだかって、技術革新がまるで起きない——佐藤

どん新しい技術を生み出していくという状況を生むことになる。ITの世界では、韓国は世界の金メダル争いをやっているのです。ところが、ITゼネコンのために、日本は20位前後をうろうろしているわけですね。つまり、新しい事業が出ない、これはもう、日本の経済構造に原因があるわけで、それは、ITゼネコンが頭を押さえている、さらに言えば、経済産業省がそれを押さえているということで、この構造を打ち破らない限り、新しいIT起業は出てこないいんです。
本当は、政治はその状況を調査して、打ち破る手を打たなければいけないのですが、安倍政権は経産省によりかかっていますから、どんなに考えても、この面に関する知恵は出てきません。まず、問題意識もないでしょう。この面からみても深刻だなと思うわけです。
**外岡**　ただね、小泉純一郎さんとか、竹中平蔵◉さんの路線は、そういうような既得権益でがっちり固めたようなものを、規制緩和で壊していかなくちゃいけないということで、一時期かなりやっていましたよね。
**佐藤**　一見やっているのですけれども、いま言及したようなIT関係のほうはまったく壊していないんですね。これはもう、温存している。温存しているし、手がつけられないのです。それは原子力についても同じなのですけれども、やはり、そこは経済産業省の聖域なんですね。原子力関係は壊せない、IT関係は壊せない。既

◉**竹中平蔵**　1951年生。東洋大学教授、パソナグループ取締役会長。小泉内閣では、内閣府特命担当大臣（経済財政政策、金融）、総務大臣、郵政民営化担当大臣などを歴任。

得権益は増える、まさにこういうところで、しがらみのない政治というのが必要なんですけれども、実際そんなに甘くはなくて、のちほど、原子力に関して言いたいと思うんですけども、本当の国難というのは、まさにそこなのだと思います。

そういうところを、なんで政治家は議論できないのか、あるいは政治家の中でそういうことを考えている人が一人でも存在するのかなという不思議もあるんですよね。そういう意味で、日本の政治家の資質は高くないなと私は考えています。

## 台風一過だった小池旋風

そういうことで、今、「しがらみのない政治」という小池さんの言葉がちょっと出たんですけれども、小池さんの凋落《ちょうらく》はなぜ起きたのだろう、というところを考えてみたいと思います。

小池さんの排除発言は9月29日にありました。「排除いたします」ということで

**経済産業省の聖域である原子力関係やIT関係を、なんで政治家は議論できないのか。そういう意味で、日本の政治家の資質は高くない——佐藤**

小池百合子・東京都知事。2017 年 7 月の都議選圧勝のころは順風満帆に見えた。

した。この排除発言が原因で小池さんの風が止んだと思われているわけですけれども、私は、もっと奥深い小池さんの正体というものがここで有権者の目の前に現れたんじゃないかと思うのですね。

どういうことかといいますと、山口さんもずっとおっしゃっていますけれど、安倍政権、あるいは自民党よりももっと右だという正体ですね。国民にとって、それは本当にいらないいんじゃないか、ということです。だから、まさに憲法観と安保観で自民党と同じであれば、自民党を出る必要がないということですね。

朝日新聞の10月1日の記事で、面白いものが載っているのですよ。2014年衆院選での朝日東大共同調査への回答◉というものが掲載されていて、このアンケート調査を見ますと、小池さんは、「憲法改正について」これは賛成、「集団的自衛権行使を認める閣議決定について」大いに評価、それから、「北朝鮮に対話より圧力を」賛成、それから「特定秘密保護法の成立」大いに評価、それから「治安維持のための人権制約」どちらかといえば賛成、「もっと道徳教育の充実を」どちらかと言え

## 排除発言で小池百合子の「ウルトラ右翼」という実体が分かった——佐藤

**◉朝日東大共同調査への回答**
2003〜14年の5回にわたる朝日新聞と東大の共同調査で、小池都知事の回答は、改憲への「賛成」、永住外国人に地方参政権を認めることへの「反対」の二つについては一度もぶれることなく一貫していた。

ば賛成、それから「永住外国人の地方参政権容認」反対、というようなまさに「ウルトラ右翼」なんですけれども、こういった実体が分かったと思うのですね。
**山口**　選挙の直前ね、関東大震災の9月1日に、朝鮮人虐殺の犠牲者に対する追悼のメッセージを拒否するという一件◉があって、これには、私も本当に腹が立ちました。オリンピックを迎える東京の知事として、誠に不適切というか、しかも、虐殺についていろいろな議論があるという形でその問題を誤魔化すわけですよ。事実と、事実に対する評価は別物であって、事実認識というのは一つなんです。虐殺があったという事実は動かせない。それに対する評価はいろいろありうると思います。やむを得なかったとか、非常に悪いことをしたとか評価がある。小池の問題は、事実のところを敢《あ》えてぼかして、学者の議論に任せるみたいなことを言って、虐殺自体の存在をあいまいにした。これは政治家として本当にお粗末だと思いますね。そういう人物が総理候補なんていうのは、実はとんでもないことで、そういう意味では、希望の党を中心に政権交代を迫るなんてことが実現しなくて良かったなとは思うんですけど。
**外岡**　一つ疑問が残るのは、小池さんは本当に国政選挙に出るつもりはなかったのですかね、衆議院から。
**山口**　いや、それは可能性があればやはり出た、出ることを考えていたと思いますよ。

**◉朝鮮人虐殺の犠牲者に対する追悼…**

1923年の関東大震災の際に虐殺された朝鮮人犠牲者に対して、毎年9月1日に「関東大震災朝鮮人犠牲者追悼式典」を行い、東京都知事が追悼のメッセージを送ることが慣例となっていた。石原慎太郎、猪瀬直樹、舛添要一など歴代の都知事も「知事」の肩書で追悼文を寄せてきた。

しかし小池都知事は「民族差別という観点というよりは、災害の被害、さまざまな被害によって亡くなられた方々に対しての慰霊をしていくべき」との持論から、メッセージを送ることを拒否した。

**外岡**　だけど、おそらく前原さんが期待したのは、「小池旋風」だったでしょう。それが全国的に展開して、小池さんが政党の顔になれば、ひょっとして政権奪取も、ということを考えたと思うんです。でも小池さんは最初から、あまり総選挙に出るつもりがなかったんじゃないかという気がするんです。

　というのは、彼女が国政に打って出れば、必ず、「都政はどうした。放り出すのか」という批判が起きるでしょう。そうすると、小池さんとしては、自らの政党に欠けているのは、政党交付金と、地方組織ですよね、その二つを手に入れれば、「丸ごと吸収」でいいから、と考えても不思議ではない。つまり、自分が出馬しなくても、総選挙で旋風を起こせれば、将来は政権の座に就くことができるかもしれない。この判断は、道義や節義ということを切り離して考えれば、政治家としては合理性があるわけですよね。「日本維新の会」との間でも、東京と大阪を棲み分けて、それぞれ当選すればいい。たぶん、そういう計算だったと思うんです。

　だけど、彼女は最初、総選挙の分断線は「安倍政権」対「非安倍」で行くのだと言っ

**「安倍」対「非安倍」と、「与党プラス希望・維新」対「それ以外の野党」という、分断線が二つになってしまった**
**——外岡**

ていたのだけれども、彼女が排除発言をして、政策協定を結んだときに出てきたのは、むしろ「憲法」「安保」では自民党と同じ、という構図でした。つまり、この二つにおいて希望の党と日本維新の会は、自民党・公明党の補完勢力になる、という図式になってしまった。

つまり、この選挙では分断線が二つになってしまったということです。一つは「安倍」対「非安倍」という分断線。もう一つは、「憲法」や「安保」を軸とする「与党プラス希望・維新」対「それ以外の野党」という分断線です。それがたぶん、有権者にとっては、幻滅というか、この選挙で何が問われているのか分からない、という混乱をもたらした。「非安倍」勢力を目指すはずなのに、なぜ「改憲」や「安保法制賛成」といった人たちが出てくるのだろう、という素朴な疑問です。そしてそれ以上に、民進党がなぜそっちの陣営と一緒になったのかという、根本的な疑問が生まれた。

民進党の議論なき解党を見て、「もうこれで選択肢がなくなった」という人が私の周辺にはとても多かった。投票間際になって、立憲民主党が出てきたことで、かろうじて選択肢ができたという人が多かったんじゃないでしょうか。

**山口**　小池という人は都知事になって、1年、何もしていないわけですよね。市場の問題でも、ただ騒ぐだけで、実体的な問題を決着つけるということは何もできていない。そういう面倒臭い知事としての仕事っていうのは、半分嫌になっているのかな、と私は見ていますけどね。

この際、理屈はなんとでも付くわけでね、東京を変えるために国政を変えるとかなんとか言って、自分が総理になるチャンスがあるのだったら、可能性があったと思います。結局、細野・若狭が新党を立ち上げようとしても、全然ぱっとしない。だからリセットで自分が新党を立ち上げる、といって自分が前面に出て、前原を引っ張り込んで、一気にブームが起きるのであれば、何かやったのかもしれない。しかし、民進党の吸収の仕方でいろんな失敗があって、彼女にとっての誤算があって、やっぱり引き返した、というのが私の認識なんですけどね。

**外岡**　「新党未来」とか「みんなの党」とか、第三極、日本維新の会もそうだけれど、第三極を探る動きって、ずっとこの間あったわけですけど、結局ほとんど全部失敗している。私も今回が、第三極を志向する最後の動きになる、という感じがしています。

## 小池という人は都知事になって、1年、何もしていない——山口

山口　自民に対抗する野党第一党も解体しちゃっているから、二も三も共に崩れたという非常に困った状況ですよね。

## 朝鮮人犠牲者への追悼文見送りとウルトラ右翼人脈

佐藤　小池さんに関していえば、東京都知事選挙、大勝しましたよね。都知事であれば、地方の首長ですから、イデオロギーとかそういったものはあまり出てこない状況だと思うのですね。ところが、国政となるとその辺が出てくる、ということで、小池さんの正体が分かってきたと思うのですね。

山口さんも一番最初におっしゃっていましたけれども、はじめの段階では小池さんで野党が固まって、安倍政権を倒していくのであればいいかなと思ったということと、外岡さんもおっしゃっていましたけど、政権交代を望む人は大半そう思っていたと思うんですね。そのときは、小池さんのことを知っている人は、「小池さんか、日本会議◉の会員だしな」とか、そのあたりのことぐらいは考えていたと思うんですね。だけど、それほど強い違和感はなかったでしょう。

しかし、排除発言があって、そして、おっしゃったように関東大震災の際の朝鮮人虐殺に関する問題があって、かなりぎょっとしたと思うんですね。これは人とし

◉日本会議
1997年、「日本を守る会」と「日本を守る国民会議」を統合して設立された保守団体。「押しつけ憲法論」に依拠して新憲法制定を主張している。

てかなり感覚が違うな、というのが私の率直な直感としてありました。関東大震災の朝鮮人犠牲者への追悼文を見送ったことについて、「大きな災害に付随した形で、国籍を問わず亡くなられた方々が多かった。すべての方々に対して慰霊をしていく」という趣旨の発言をしていますが、これは政治家として大変に社会的人権意識の鈍い問題発言です。

本来、災害による事故死と、民族差別による殺害死とはまったくちがうものです。民族差別による死は広義の政治による死であり、どんなことがあってもこれを防ぐのが為政者の最低限の役目ですね。小池さんは、これを明確に放棄する認識を示したのですね。自分はこういう人を支持しようとしていたのか、とぎょっとした人も多かったのではないでしょうか。そこでいろいろ調べてみたり、話を聞いてみたりしたら、正体が現れてきたということなんですね。

そこで小池さんの人脈ということを考えると、非常に象徴的なのが、秘書の方、野田数《かずさ》◉さんという人なんですけども、この人が非常に象徴的なんですね。


**小池が関東大震災の朝鮮人犠牲者への追悼文を見送ったことで、自分はこういう人を支持しようとしていたのか、とぎょっとした人も多かったのではないか――佐藤**

◉**野田数**
1973年生。2013年の都議選に落選後、アントニオ猪木参院議員の政策担当秘書となったが、同議員からその後、公金横領の疑いで刑事告訴された。

どういうことかというと、2000年に小池さんが、自由党が分裂して保守党の結党メンバーになったときに、小池さんの秘書になった。秘書になってその後、すぐに総選挙に出たわけですけれども落選しました。その後、東村山市議から都議になり、そして、2012年に東京維新の会を立ち上げて、尖閣諸島の調査にも実際、行っているのですね。それから石原慎太郎都知事が当時打ち上げていた尖閣諸島を東京都が買うということにも賛成をしています。日本国憲法は無効であり、そのことによって大日本帝国憲法を復活すべしという請願を都議会に提出したりしているんです。カテゴリー的にいえば超右翼の方なんですが、こういった方が、2016年の都知事選のときに、小池さんの選挙対策本部の責任者となるんですね。

そして小池さんが当選をしますと、直後の8月3日に都知事の政策担当特別秘書となるわけです。このあと2017年に入って1月に都民ファーストの会が立ち上がり、この会の代表になるのですね。4月に小池さんが特別顧問になり、6月になると、今度は小池さんが代表になって、野田さんが幹事長になる。そして、1カ月後の7月に入ると、野田さんが再び代表に復活して、小池さんが辞任して特別顧問になる。何度も何度も二人の間で地位を交代しているのですね。しかも、これが規約に基づいて、ほとんどたった二人だけで決めているというんですね。

こういった動きが、都議の音喜多駿《おときた》◉さんとかが反発して都民ファーストの会を辞

◉**音喜多駿**
1983年生。2016年の都知事選では上田令子都議とともにいち早く小池支持を打ち出したが、17年10月には「都民ファーストの会はブラックボックス化している」として、上田都議とともに離脱。

める原因になっていったのでしょう。組織上そういったことはまずいんじゃないか、ブラックボックスになっているのではないか、という批判は非常によく理解できます。

もっといえば、野田さんについては、都知事の政策担当特別秘書ということで、これも当初公表していなかったのですけれども、年収が1400万円あるんですね。しかも運転手付きの公用車で通っているという報道もなされて、こういう秘書というものも存在するんだ、という驚きも広がって、小池さんの記者会見でかなり突っ込まれたりしていました。

そのあたりの政治家としての不透明さが非常によく分かってきてしまった。同時に、人脈的にウルトラ右翼の人とずっと一緒にやっているという体質ですね、このあたりのところは突っ込んで調べれば分かってしまいます。一般の有権者の目にも、漠たる形ではあってもやっぱり見えてきた、というのはあると思うのですね。

そこらへんでさきほど山口さんがおっしゃった、さらにウルトラ右翼はいらない

## 小池百合子の政治家としての不透明さ、ウルトラ右翼の人脈が、一般の有権者の目にも見えてきた――佐藤

ということにつながっていくのですね。このあたりのことが、小池さんがたとえ選挙の顔になっていたとしても、やっぱり難しかったなという事情につながっていると思います。

## 実体のない希望の党

**外岡**　希望に行った、希望に合流した旧民進の人たちにもいろいろな考えの政治家がいるでしょう。排除されなかった人たちの中には、安保法制について賛成だという人もいたかもしれません。けれども、合流組でも多くの人たちがおそらく、安保法制そのものに疑問を持って、そういう発言をしてこられたと思うんです。だけど、「排除」をされないで受け入れられたということは、じゃあ、「憲法」や「安保」で、希望の党の色に染まったのかというと、どうでしょう。
**山口**　いや、そもそも希望の党は実体がないわけですからね。小池さんが都知事専念で国政政党の運営は国会議員に任すと言ったら、またこれから党を作るという話に多分、なるでしょう。だから大串博志◉さんが割と護憲派っぽいことを言って共同代表に立候補したわけですよ。だけどはっきりいって、この党が持続するとは思えないですね。まあ、いずれ、分裂するだろうと思うんですよ。

**◉大串博志**　1965年生。民主党政権下で内閣総理大臣補佐官、復興大臣政務官などを務める。民主党・維新の党の合流により結党した民進党では、政務調査会長に起用。2017年の第48回衆議院議員総選挙では希望の党公認で佐賀2区から出馬し当選。希望の党共同代表選挙に立候補したが、玉木雄一郎に敗れた。

ただ、今、政党助成金というのが、いわば政党を支える糊みたいな役割をしていますから、簡単には別れないだろうし、それから、比例代表で受かった人は他の政党に入れない。その部分での縛りというのがあって。ただ、それを除いた内発的な政党の凝集性という点でいえば、こんなデタラメな政党はないと思いますよね。
**外岡**　小選挙区で、希望の新顔で出た人で当選したのは、たった一人ですよね。だから数でいえば、もう、圧倒的に旧民進側から行った人が多かったですよね。旧民進で希望に合流した116人のうち、当選が38人。希望の当選者は50人なので、多数派です。だから希望の党といっても、もう、小池さんが作ったときの陣容ではなくて、旧民進党系の人が多い政党になっているということですよね。政策や綱領も、今や流動的で、小池カラーは色あせている。
**山口**　そうですね。だから、そこで、野党の再編みたいな話がまた出てくるわけですが、私はこれからの野党は、さっきもちょっと言ったように、勢力拡大ということはあまり急ぐべきでないと思いますね。当分、1年、あと2年近く国政選挙はな

## そもそも希望の党は実体がない。いずれ分裂するだろう
——山口

いわけですし、98年の民主党みたいに、自民党ではない政治家がみんな集まって、とりあえず、互助会組織を作るみたいな構築の仕方をやると、せっかく作った立憲民主党の清新さが本当に消えてしまうと思うので、そこは慎重にやったほうがいいし、枝野自身もそこは分かっていますよね。

結局、枝野は96年の第一次民主党のときからずっと政治家を続けてきて、この間の失敗を見てきました。96年というのはまだまだフレッシュだった鳩山カラーが中心になって作った新党で、従来の日本にないある種の市民感覚をもった政治家の集団みたいなイメージがあったんだけども、98年以降は、新進党が解体したあと、いろいろな人がなだれ込んできて、全くカラーが分からなくなったわけですよね。

それでも2000年代は政権交代を実現するという共通の目標があって、凝集性を保ってきたわけですけれども、政権交代が実現することによって、民主党の存在理由がなくなるという何とも皮肉な結果になって、この失敗をもう繰り返したくないという思いは非常に強いですよね。

## 政権選択という呪縛

**外岡**　山口先生はこれまで、野党協調をずっと支えてこられて、結局、小選挙区では野党が割れてしまうと勝てないということがはっきりしているわけですよね。その現実をこれからどうするのかという問題が問われると思うのですが、そのあたりは何か、こう、解決策は考えられますか。

**山口**　選挙の意味づけをまずどうするか、というところから、野党協力のあり方を考えていく必要があると思うんですね。本来であれば、今回の総選挙っていうのは奢れる安倍政権に対してお灸を据えるという選挙で十分だった。政権選択なんて大それたことを言わずに、ただ、安倍政治があまりにもひどいので、安倍政権の継続は前提としつつ、もうちょっと国会の中で野党を増やそうという選挙にすべきだった。「アイツら、本当、好き放題やって国政を私物化しているじゃない！」みたいな、お灸を据えるという選挙をすべきだった。

お灸を据えるのだったら、共産党を含めて、野党が協力をするのは当たり前なんでね、そんなに難しい理屈はいらない。だけど、小選挙区制とか、二大政党制とか、とずっと言ってきて、総選挙は政権を選ぶ選挙だという呪縛・思い込みが野党自身

**政権交代が実現することによって、民主党の存在理由がなくなるという皮肉な結果、失敗をもう繰り返したくない——山口**

にもメディアにも強すぎるんですよ。昔の55年体制の時代は、有権者が、自民党がちょっとひどいなと思ったら、野党に入れて、自民党政権は続くけれど、お灸を据えるみたいなね、それで自民党の中の権力変動を促す、とかね。そういうことをやってきたわけですね。

だけど、今は政権選択と言い過ぎる。次の政権交代までには5年、10年かかると思います。当面は今の非常にバランスの崩れた政党の力関係を、もうちょっと伯仲したものにしていく。だから、次の総選挙はお灸でいいと思います。そのために共産党を含めて野党協力で、3分の2を阻止するとか、過半数ぎりぎりぐらいまで与党を減らすみたいな目的で戦えばいいと思います。それである程度力を蓄えたら、次の段階で政権選択を迫るということで、本格的な政権構想をきちんと作るという順番です。そういう階段を上るような形で考えていかないと、いきなり政権選択を迫っていくというと、民進と希望をくっつけて、みたいな、ちょっと無理なことをせざるを得なくなるでしょう。

**外岡**　今回の結果を小選挙区でちょっと調べてみたのですが、希望と維新は連携していたとはいっても、少なくとも全国21の小選挙区で対立しているんですよね。それで、さらに、先ほどおっしゃったみたいに、立憲民主は希望に対しては、対立候補を立てていませんけれども、むしろ希望に行ったほうは「排除」された旧民進の幹部に対しては「刺客」を送っている。共産党はそっちのほうとは全く候補を調整していないので、共産と希望と、民主が共倒れになっている例が圧倒的に多いですよね。そうすると共産党は、例えば、希望と、立憲民主が今後ね、連携するとか、あるいは無所属が中心となって連携するといったときに、希望と共産が候補者を調整してね、はたして政権与党に対抗できるかどうか、ということが。
**山口** それは無理だと思います。
**外岡** 無理ですよね。
**山口** 次の総選挙までには希望の党はなくなっていると僕は思いますけどね。やっぱり希望の党の中でも当然、路線対立が出てくるわけで、大串を支持しているような人たちは、今後立憲民主を中心とした野党再編のほうに行くだろうし、改憲賛成派の人たちって別に野党でいる必要はないわけで。
**外岡** ただ、山口先生は、最近の朝日新聞の発言でもおっしゃっていますが、自民の宏池会的な流れも一緒になった勢力にならないと、政権を奪取することはできな

**総選挙は政権を選ぶ選挙だという呪縛・思い込みが野党自身にもメディアにも強すぎる。次の総選挙はお灸でいい——山口**

いと。私も実際その通りだと思うのですが、では自民の宏池会的な部分が共産と一緒に組めるのかという問題が、やっぱり、出てくると思うんです。

**山口**　そこですね。その話をすると、私は、立憲民主の立ち位置や政治路線について「村山政権の継承をすべきだ」というのが持論なんですよ。村山政権というのは自民党・社会党・さきがけの連立で、あのときは野合とか無節操とか言われたんですが、私から見れば、非常に当然の協力・連立だったと思います。

というのは、90年代の前半というのは小沢一郎さんが、今とは違う自衛隊の海外での武力行使もあるし、新自由主義的自己責任社会という路線でしたから、それに対して、戦後日本を守るためには55年体制を支えた自民と社会が手を組んだ、割と当たり前の話だということもできます。社会党が自衛隊違憲論の旗さえ下ろせば、だいたい言っていることは宏池会と似ているわけですよ。宮沢さん的な意味での護憲というのとそんなに違和感がないですよね。

もう一つ、なぜ村山政権にこだわるかというと、あれは同時に安倍政治の出発点でもあるからですよ。あの村山政権の時に、自民党はやっぱり、加藤紘一◉、山﨑拓◉、野中広務◉の路線で目一杯リベラルにやって、社会党と手を組んで政権作って、戦後50年のいろいろな問題を処理したわけですよね。そのちょっと前には宮沢政権の頃だけど、天皇が中国に行くとか、やっぱり、アジアとの関係、あるいは歴史の総括

**◉加藤紘一**
1939〜2016年。防衛庁長官、内閣官房長官、自民党政務調査会長および幹事長、宏池会会長などを歴任。加藤の乱や秘書の脱税疑惑で失脚した。

**◉山﨑拓**
1936年生。小泉内閣で自民党幹事長、副総裁を務めたほか、防衛庁長官、建設大臣なども歴任。

**◉野中広務**
1925〜2018年。自治大臣、国家公安委員会委員長、内閣官房長官、沖縄開発庁長官、自民党幹事長などを歴任。本書作成中の1月26日逝去。

について自民党が最もリベラルだった時期でした。だからこそ、それに反撥する右派が自民党の中から動きを起こして、97年に日本会議ができ、それと結びついて、安倍とか、衛藤晟一《えとうせいいち》◉とか、今日の安倍政権を支える派的な政治家がこう、動きを始めるわけですよ。
**外岡**　でもそのときは、社民の主導権というよりは、むしろ非自民連立ができたために自民のほうに危機感があって、やっぱり政権党にいなくちゃいけないという理由で連立のほうに向かったのではありませんか。
**山口**　もちろんそのような現実的な理由が大きかったとは思うんですけどね。ただ、戦後日本の良い部分を継承していくというか、守っていくという政策的な共通項はあったと思うんですよね。問題は、だから、「村山政権的な意味での戦後民主主義を」というところで、野党協力ができるかどうか、共産党がそれを受け入れるかどうか、というところになるともう、それは共産党の側の柔軟な対応をお願いするしかないというのが現状ですけれども、共産党の最近の主張を見ていると、相当柔軟になっ

**村山政権、その前の宮沢政権の時、自民党が最もリベラルだった時期があった。それに反撥する右派が自民党の中から動きを起こして、97年に日本会議ができた——山口**

◉**衛藤晟一**　1947年生。自民党所属。第二次安倍内閣以後、内閣総理大臣補佐官（国政の重要課題担当）を務める。

ているなぁという印象があります。今回、確かに議席は減らしたけれども、こういう形で野党協力をした路線というのは、議席が減ったからやっぱりやめます、というふうにはいかないでしょう、もう。
**佐藤**　前に、共産党委員長の志位和夫さんにインタビューしたことがありました。私がメインの聞き手ではなかったのですが、インタビューの最後に私は、「ソ連もなくなりました。一方、志位さんは立憲主義という共通の価値観で小沢一郎さんとこれほど親しくなっているわけだから、この際党名を変えて、立憲共和党とかにしたらどうですか」と聞いてみたんですね。一笑に付されましたけど。私は共産主義を信じているので、とおっしゃっていましたが。
**山口**　共産党という政党は共産という名前をなくしたら、もう、それは解体しますよ。やっぱり、今回の選挙でも、共産党の党員とか支持者の皆さんがずいぶん野党協力のために頑張ってくれて、そこのエネルギーはすごいな、と思いますが、あの人たちは共産党という名前がなくなったら、政治活動をしなくなっちゃいますよね。
**佐藤**　小沢さんがよく口にされている「オリーブの木」というモデルはどうですか。
**山口**　うん、例えば、比例代表を統一名簿で戦うとかね、それは、戦術的なレベルではいろいろな工夫はありうると思うんですね。しかし、オリーブを束ねる、中心になる理念が何なのかということが、ある程度国民に見えないと、単にアンチ自民

**●議席は減らした…**

■第48回衆議院議員総選挙の結果

| 各党の当選者数 | 自民 | 公明 | 希望 | 維新 | 立憲 | 共産 | 社民 | こころ | 諸派 | 無所属(与) | 無所属(野) | 無所属(他) | 計定数 |
|---|---|---|---|---|---|---|---|---|---|---|---|---|---|
| 小選挙区 | 218 | 8 | 18 | 3 | 18 | 1 | 1 | – | 0 | 1 | 21 | 0 | 289 |
| 比例区 | 66 | 21 | 32 | 8 | 37 | 11 | 1 | 0 | 0 | – | – | – | 176 |
| 合計 | 284 | 29 | 50 | 11 | 55 | 12 | 2 | 0 | 0 | 1 | 21 | 0 | 465 |
| 公示前 | 284 | 34 | 57 | 14 | 15 | 21 | 2 | 0 | 0 | 11 | 27 | 0 | 残議席 0 |

党だけじゃ迫力がないわけです。

そこでやはり戦後民主主義だと思うんですよ、私は。共産党も含めて戦後民主主義を守る。戦後民主主義の中身としては、もちろん、立憲主義とか基本的人権とかあるんですけど、やっぱり、戦争への反省とアジアとのある種の相互信頼ですね、それから適度な経済発展と公平な分配とか、そういう、1960年代から70年代ぐらいにかけてそれなりに存在していた戦後日本の生き方みたいなものをこれからも継承発展させていくみたいな、それで今の右傾化した自民党と対決構図を作っていくというのが、私が最近言っている宏池会路線をこっちが取るという話の中身ですね。

**外岡** 私は、今、札幌に住んでいて、先生も長い間北海道に住んでおられた。今回も興味深くご覧になったろうと思うのですけど、北海道は非常に野党協力がうまく行った。民進から出馬予定だった11人のうち、立憲に移った8人全員が小選挙区と比例ブロックで当選して、自民党の9議席に迫るという結果になった。まぁ、相

**60〜70年代ぐらいにかけて存在していた戦後日本の生き方みたいなものを継承発展させて、それで今の右傾化した自民党と対決構図を作っていく——山口**

共産党は、立憲民主、社民両党と連携を図り、67の選挙区で候補者擁立を見送った。そのため総得票数が減って、比例区の議席を前回の20から11に減らした。共産党自身として身を削るかたちとなったが、志位委員長は「立憲民主党が大きく躍進し、共闘勢力全体として議席を伸ばすことできたことは大きな喜び」と話した。

**●志位和夫**
1954年生。2000年から日本共産党委員長。15年に安倍内閣が可決させた安全保障法制を批判、同法廃止に向けて野党結集を呼びかけた。現在、小沢一郎自由党代表と連

当短期間だった割には、かなり盛り上がったなというふうに思います。だから、北海道で見ていると、「あっ、こういうやり方もありだな」と思えました。
**山口**　そうですね。今回、新潟も北海道に続く成功例。6つの小選挙区のうち4つが立憲と無所属です。
**外岡**　まぁ、だから、そうやって、やっぱり野党が協力をして、与野党の対決の構図を作るということですね。それができるかできないかですね。
**山口**　まぁ、全国一斉は難しいけれど、そういう地域をちょっとずつ広げていくという努力を、これからやっぱり立憲民主が中心としてやっていくべきじゃないですかね。

## リベラリズムをどう捉え直すか

**佐藤**　そこのところでね、山口さんが先ほどおっしゃった理念、どういう理念を立てていくかという問題を考えると、やはりリベラリズムの問題があると思うのですね。「リベラリズムとは一体何か」ということが、しきりに言われていますよね。リベラルというものをどう捉えるかということなんですけれども、例えば、朝日新聞にコラムを書かれていた佐伯啓思◉さんは、リベラリズム対保守主義という対立図

携しているとされる。
**◉オリーブの木**
イタリアの左派政党連合。1996年から2001年まで政権にあった。日本では、小沢一郎自由党代表が野党結集の手法としてしばしば言及している。
**◉佐伯啓思**
1949年生。京都大学名誉教授。経済学者。思想家。「リベラル対保守」の一般的対立図式を取り上げたコラムは、2017年11月3日付朝日新聞朝刊の「異論のススメ」。
**◉新自由主義**
ネオリベラリズム。1980年代のレーガノミクスに代表される

式が一般に言われていて、その一般図式から考えを進めていかれているわけですけれども、この捉え方は十分ではないですね。ご自身で立てた対立項ではなく、一般的な図式を基にした考察ですから、そのリベラル批判は当たっていない。
リベラリズムに対して何を対立項として立てるかということですけれども、私は保守主義ではなく、新自由主義、ネオリベラリズムだと思うのですね。どういうことかといいますと、まずリベラル、自由という概念を捉え、自由に対立する言葉をいくつか考える。当然、不自由とか奴隷とかそういう言葉が思い浮かびますよね。しかし、不自由とか奴隷とかそんなことを理念に立てる政党はありえません。ということは、政治的に自由ということを考える場合、概念そのものではなく、いくつかの要素に分けて考える必要がある。そうした時に最も重要なのは、一体、誰にとっての自由なのか、という問題なのですね。
**山口** うん、そこは大事な論点ですよね。
**佐藤** 自由主義といったことを考える場合、これは日本国憲法が保証しているよう

## リベラリズムの対立項は保守主義ではなく、新自由主義、ネオリベラリズム——佐藤

◉新自由主義 市場原理主義。産業界の競争志向を重視し、フリードマンやハイエクなどの経済理論を祖とする。福祉や公共サービスを縮小し、労働者保護を廃止するなどの経済政策を特徴とする。

まずある。な基本的人権に基づいた国民一人ひとりの自由ですよね。この自由という考え方が
もう一つはネオリベラリズムというものがある。自由主義という言葉の頭に「新」という一文字がついただけですが、誰にとっての自由なのかという観点から見ると、憲法が保証しているような自由主義とはまったくちがうものになってしまうわけです。どういうことかというと、簡単にいえば、国民、市民の自由ではなく、大企業、高所得者層の自由ですね。1％対99％●という捉え方でいえば、1％の自由です。これが新自由主義、いわゆるネオリベですね。
これは、歴史的に言えば、1973年のチリのアジェンデ政権●が米国のCIAによって倒された、あの頃から始まっていて、あれではっきり出てきた。それから、ミルトン・フリードマンを中心とするシカゴ学派のマネタリスト●が経済的理論武装の陣容となります。今の日本銀行の方法論●に非常に似ていて、金融さえ緩めればあらかたOKという経済思想です。そしてあとはトリクルダウン●の考え方で、大企業や高所得者層から下のほうに経済の余滴がだんだんに降ってくるという、ひと言でいえば何とも思い上がった考え方です。
一体、誰にとっての自由なのか。今言ったように、1％にとってのネオリベの自由がある。もう一つは、本来の自由主義、日本国憲法が代表するような99％にとっ

**◉1％対99％**
米国では、1970年代から上位1％の富裕層所有の資産が増加し続けている。このため、「We are the 99%」のスローガンを掲げる市民デモがウォール街を占拠する運動が起きた。

**◉アジェンデ政権**
歴史上初めて自由選挙で選出された社会主義政権。1973年9月、米CIAの支援を受けたピノチェト将軍は軍事クーデターを決行、アジェンデ政権を倒した。クーデター後、軍政評議会は国民の虐殺、強制収容所送りを伴う「左翼狩り」を行い、新自由主義に基づく経済政策を徹底した。

ての自由がある。私は、この対立が、現代の本物のリベラルの定義ではないかと捉えているのですね。そこのところで、私は、理念としてはネオリベに対抗するのが本物のリベラルだと考えています。安倍政権はほとんど完全なネオリベラリズムです。安倍首相自身は２０１５年1月の参院本会議などで、アベノミクスはトリクルダウン理論は採っていない、と言っていますが、アベノミクス第一の矢である超金融緩和や株式市場へのてこ入れ、円安による輸出企業優遇など、採用している政策はまずトリクルダウンを狙ったものですね。

そうではないと言っても、ネオリベの考え方に分類されることはまちがいないです。同志社大学大学院教授の浜矩子《のりこ》さんがアベノミクスを一貫して批判していて、「どアホノミクス」と名付けていますね。今年（17年）出された『どアホノミクスの断末魔』（角川新書）では、安倍政権が採っている働き方改革についても、毎日新聞の報道を例示しながら、経団連（経済団体

## 安倍政権はほとんど完全なネオリベラリズム、そこに対抗する理念としてのリベラルが存在する――佐藤

●**シカゴ学派のマネタリスト**
M・フリードマンを中心とするシカゴ大学の経済学派は、徹底した経済的自由主義の立場に立つ。物価や名目国民所得の変動はマネー・サプライによるとする考えから、貨幣供給量を最重視する経済政策を採る。

●**今の日本銀行の方法論**
安倍政権下の日本銀行は、超金融緩和を続け、「ヘリコプターからマネーをばらまくような政策」略して「ヘリマネ」政策を検討していると伝えられる。

●**トリクルダウン**
富裕層が富めば、貧

連合会）の作文を下敷きにしたに過ぎないのではないか、と痛烈に批判しています。つまり、一見勤労者の働き方に目を向けているようで、その実は、生産性向上という経済団体の観点でしか見ていない、ということです。

アベノミクスの主要な経済政策、それから、旧態依然としたＩＴゼネコンの野放し、３・11後に原子力発電所を再稼働させる理不尽ぶり、これらは、国民の99％を無視したネオリベの権化と言ってもいいかもしれない。これに対抗するリベラリズムというものは、頑として存在すると思います。

**山口**　それは私も全く同感なので。私はあちこち選挙の応援で演説をしたときに、その話をしたのですね。立憲民主はリベラルだ。リベラルとは何か。それは万人の自由だ、一握りの力の強い人間の自由ではないんだ、と一所懸命に演説をしていました。今の佐藤さんの話と全く同じ。

**佐藤**　そうですか。そのことで言いますと、いわゆるリベラルといわれる人たちが、なんで護憲を言うんだ、ということがよく分かります。

日本国憲法というのは、簡単にいえば米国の「押し付け憲法」だとよく言われますが、その実際の作業に当たった人たちは、ＧＨＱの民政局、ＧＳに所属していた軍人ですよね。彼らは戦時中は軍人の地位にありましたが、平時においては法律学者であり弁護士です。そしてその思想のルーツをたどると、ルーズベルト政権から

しい者にも富が滴り落ちていく、という理論。現実には中間層による市場規模が巨大なため経済効果はほとんどなく、経済二極化を招くだけとされている。

のニューディーラー◉の流れを汲んだ人たちです。

　これにプラスして日本からの流れもあるのですね。当時、鈴木安蔵◉という憲法学者がいましたが、この人を中心に、統計学者の東大教授だった高野《たかの》岩三郎◉たちが協力して、新しい憲法試案を作っていたのですね。その試案は、明治の自由民権運動からずっと流れてくる思想を基本に据えているんです。

　自由民権運動の志士たちは多く、西郷隆盛の西南戦争に参加していますが、その中の宮崎八郎◉は「泣いて読むルソー民約論」という詩句を残して戦場に果てました。まさに人権の祖、ジャン＝ジャック・ルソー◉の思想から自由民権運動は来ているのですね。片やGSのニューディーラーのほうももちろん、元をたどればアメリカ憲法ですから、ルソーから来ているわけです。新憲法作成の中心人物だったGS次長のケーディス◉は、後年、鈴木安蔵たちの試案をかなり参考にしたと回顧していますが、ルソーの思想から流れて来る日本と米国のそれぞれの試案が合流して日本国憲法ができあがったというのが、本来の歴史的な姿なんですよね。


**ルソーの思想から流れて来る日本と米国のそれぞれの試案が合流して日本国憲法ができあがった――佐藤**

**◉ニューディーラー**
1930年代の米ルーズベルト政権によるニューディール政策を経験した、社会民主主義的な考えを持つ官僚・政治家。ケインズ理論を採り入れ、マネタリズムに対抗する。
**◉鈴木安蔵**
1904～83年。憲法学者。静岡大学名誉教授。戦前、明治期の自由民権運動家による憲法案を発掘。戦後、憲法研究会を結成、民権運動の憲法案やフランス憲法、米国憲法などを参考に憲法草案をまとめ、GHQの憲法案に影響を与えた。
**◉高野岩三郎**
1871～1949

つまり、リベラルというコロラリー◉を考えることのできる人間というのは、日本国憲法は非常に大事なんだ、ということになる。そこのところでまさにリベラルが憲法に収束するという図式が基本にあるのですね。
**山口**　誠に明快な整理で、私も全く同感で、やっぱり、戦後改革って基本的にリベラルなんですよね。農地解放、労働組合の結成、女性参政権、教育の民主化、だいたいこれはアメリカ主導でやったけれども、もちろん、日本の中にも受け入れる素地はあったのです。戦前からそういうテーマで戦ってきたわけですから。リベラルな改革が戦後日本の礎を作った。その上に戦後日本の発展と繁栄があったのは間違いがないと思います。それをやはりきちんと継承していくということだと思います。
**佐藤**　そうなんですね。だから、憲法9条の問題にしても、言葉だけの問題ではなく、戦後日本を生きる日本人としての思想の基盤があると思うんですよね。9条は確かに問題を抱えていることは事実ですけれども、今、簡単に変えるわけにはいかないということがやはりあると思います。枝野さんがよく言うように、集団的自衛権を抱えたままで自衛隊を明記するのは、それを完全に認めることになってしまう、ということがやはりあります。この問題意識は正解だと思うのですね。

年。社会統計学者。社会運動家。戦後、鈴木安蔵らと憲法研究会を結成、憲法草案をまとめた。

**◉宮崎八郎**
1851～77年。宮崎滔天など宮崎四兄弟の筆頭。中江兆民の仏学塾に学び、郷里・熊本県植木町に植木学校を設立、「九州のルソー」と呼ばれた。西南戦争で西郷隆盛軍に参加、26歳で戦死した。

**◉ジャン＝ジャック・ルソー**
1712～78年。フランスの政治哲学者。トマス・ホッブズやジョン・ロックとともに社会契約論を提唱。フランス革命や明治期

## リベラリズムの日本的系譜

**山口**　もう一つ補足させて頂ければ、リベラルを一つの柱として、やっぱり軍国主義に反対する、あるいは強すぎる国家権力に対して、社会の側、市民の側の自由自立を守るという価値観があるわけですよね。だからこそ日本では石橋湛山◉みたいに軍部と喧嘩した知識人やジャーナリストをリベラルと呼んできたわけですよね。
**佐藤**　そうなんですね。石橋湛山のものを読みますと、これが、戦前に本当に書けたのか、とびっくりするようなものがありますね。例えば、「中国大陸を放棄しよう、中国大陸はもういらないじゃないか。それよりもアメリカやイギリスと仲良くやった方が経済的に言ったって全然得じゃないか」という意味合いのことをきっちりと言っているんですよ。当時の国際経済の観点からして実に正論なんですが、日本刀を腰に下げた軍部を前にして、そういうことを堂々と言える湛山というのもなかなか凄いと思います。しかし実をいうと、今の状況でこそ、気後れせずに堂々と政権

**リベラルな改革が戦後日本の礎を作った。その上に戦後日本の発展と繁栄があったのは間違いがない――山口**

---

の自由民権運動などに多大な影響を与えた。

**◉ケーディス**
1906〜96年。米国の軍人、弁護士。GHQ民政局次長。30年代には米国財務省でニューディール政策を推進。GHQ憲法草案作成の中心となった。

**◉コロラリー**
corollary 論理的帰結や系などを表現する数学用語から社会学用語に転用され、概念系などを表す。

**◉石橋湛山**
1884〜1973年。ジャーナリスト。戦前は「東洋経済」に拠りつつ、植民地主義や侵略戦争を批判し、

批判をすべきですね。

**外岡**　私は『リベラリズムの系譜で見る日本国憲法の価値』という本を朝日新書から出して頂いたことがあります。そのときにいろいろな文献を調べたのですが、日本にはリベラリズムについての研究がほとんどないということを知りました。それで自分なりに、リベラリズムって一体何なのかを考え始めて、結局、私のたどり着いた結論というのは、リベラリズムの対語というのは全体主義、独裁とか、専制主義であると思いました。それに対抗する価値観というのがリベラリズムということなんですね。だから保守・革新といった価値軸とは全く関係ない。

たとえば戦没者学徒の手記「きけわだつみのこえ」で、知覧基地から出撃した上原良司◉さんは、「所感」という手記にこう書き残しました。

「思へば長き学生時代を通じて得た、信念とも申すべき理論万能の道理から考へた場合、これは或は自由主義者と謂《い》はれるかも知れませんが、自由の勝利は明白な事だと思ひます。人間の本性たる自由を滅す事は絶対に出来なく、例へそれが抑へられて居る如く見えても、底に於ては常に闘ひつつ最後には必ず勝つと云ふ

戦後は衆議院議員、第55代内閣総理大臣を務めた。本文中に出てくる発言内容は、石橋湛山「一切を捨つるの覚悟」（『石橋湛山評論集』岩波文庫所収）に掲載されている。

◉**上原良司**
1922～45年5月11日。大日本帝国陸軍特別攻撃隊第56振武隊員。慶應義塾大学経済学部に進学するが、繰り上げ卒業し学徒出陣。「飛燕」に搭乗して知覧基地

事は、彼《か》のイタリヤのクローチェも云って居る如く真理であると思ひます。権力主義全体主義の国家は一時的に隆盛であらうとも必ずや最後には敗れる事は明白な事実です。我々はその真理を今次世界大戦の枢軸国家に於て見る事が出来ると思ひます。」

こうした信念から上原さんは、この手記を、「明日は自由主義者が一人この世から去って行きます」と結びます。ここでいう「自由主義者」がリベラリストです。20世紀を通して、特に西欧のリベラリズムが抵抗したのは、スターリニズムと、ファシズムですから、その両方に対抗してきた20世紀全般の西欧の考え方、それがやっぱりリベラリズムの根幹にあるんじゃないかと私は思います。だから、ソ連が冷戦崩壊で倒れても、全くそれに影響されない、彼らにとって。それは2003年のイラク戦争のときに、いかにイギリスの知識人とか、社会運動あるいは市民運動をやっている人たちが、根強いリベラリズムのバックボーンを持っているのかを、

**全体主義、独裁、専制主義に対抗する価値観というのがリベラリズムということ。だから保守・革新といった価値軸とは全く関係ない——外岡**

から出撃、沖縄県嘉手納の米国機動部隊に特攻をかけ戦死。享年22。

じかに肌で感じました。だから、イデオロギーじゃないんだと思います。要するに全体主義による戦争とか権威主義とか、そうした独裁に対して、いかなるイデオロギーに基づくものであってもそれを批判して、反対する。リベラリズムは、そういう考えや態度を指すのだと思います。

**山口**　そう、ですから、まさに独裁に反対する、専制に反対する柱と、佐藤さんが言った万人に自由を保証するという、国内政策があるでしょう。だから今の日本には必要な理念なんですよ。

　さっきのナチズムとの理念との対比という話に、私なりに付け加えさせてもらうと、やっぱり、今回の総選挙は危ないと思った。北朝鮮をあれだけ敵視して、国難を煽《あお》って、それで国民をある種、心理的に追い詰めて、恐怖と憎悪を煽ることによって、自民党が勝った。これははっきり言って禁じ手ですよ。それはやっぱり、ナチスの手法ですよ。1933年の、ドイツの選挙で直前にあった国会議事堂放火事件◉を大いにフレームアップして、共産主義者の仕業と言って、国民に恐怖を広げていって勝ったわけですからね。麻生さんの言う通りですよ。北朝鮮のおかげであり、ナチスの手口。

**◉国会議事堂放火事件**
　ヒトラー政権誕生後の1933年2月27日夜、ベルリンの国会議事堂が放火された事件。翌28日、ヒトラーは緊急令によってワイマール憲法の基本的人権を停止し、共産党を事実上非合法化、社会民主党の選挙活動を弾圧した。その結果ナチスは3月5日の総選挙で、全647議席中288議席を獲得した。
　犯人としてオランダの元共産党員ファン・デア・ルッベが逮捕、死刑となったが、ゲーリングらナチス首脳が深く関与していたとも言われている。

## 自民党もかつては立憲主義だった

**外岡**　立憲主義という言葉が日本でかなり広範に流布《るふ》したというのは、２０１５年の安保法制反対運動だと思うんですよ。そのときに、長谷部恭男さんと法政の杉田敦さんが朝日新聞紙上の対論の中で、日本の保守・革新ではなくて、立憲か非立憲かというそういうその基軸が、非常に明瞭になったという発言をされています。私もそうじゃないかと思います。リベラリズムの制度的な保障が立憲主義と考えれば、わかりやすい。二つはコインの裏表の関係にあります。
**山口**　権力を制約するということで、結びつくわけですよ。
**外岡**　しかも、それは自由と人権を守るために憲法があるのだと考える点では、まさに一つに結びつく。どちらの根底にも、同じ発想が流れています。
**山口**　そうですね。だから、逆に言うと20世紀後半の自民党政権っていうのは、やっぱり立憲主義だったわけですよ。強権的な支配っていうのはあまりなかった。とき

**国難を煽って国民を心理的に追い詰め、恐怖と憎悪を煽ることによって、自民党が勝った。これははっきり言って禁じ手、ナチスの手法――山口**

どき強行採決とかはあったけど、基本的にはね、野党の抵抗力とか、野党の反撥はそれなりに意味があったし、なんでもかんでも自民党が好き放題できなかった。
だから、権力側が立憲主義を尊重している間は、別にことさら立憲主義という言葉を使うまでもなかったわけですが、安倍政権になって、いわば憲法の制約を乗り越える動きが出てきたから、これは、空気が薄くなったときに空気の存在を意識するのと同じで、安倍政権のもとで、立憲主義の必要性をかなりの人が認識するようになったんですよね。
**外岡**　先ほど、お名前を挙げた長谷部恭男さんと、ドイツ近代史を研究している石田勇治さんが『ナチスの「手口」と緊急事態条項』（集英社新書）という本を出していて、大変興味深く読みました。
**山口**　そうですね、面白いですね。
**外岡**　要するに民主主義からヒトラーが生まれたというけれども、そんなに簡単ではないと。やっぱり、緊急事態条項◉をきっかけとしていた。そういう条項は内在的に、ワイマール憲法の中にあったわけですけれども、それを大統領に使わせて、権限を拡大していった。一言でいうと、それは行政権による議会の圧倒というか、要するに議会を骨抜きにしたということですよね。それから時限法を乱発して、行政

**◉緊急事態条項**
戦争、テロ、大規模災害などの非常事態に対処するため、一時的に政府の権限を強化する法的な規定。
ドイツのワイマール憲法では48条2項に謳われている国家緊急権がそれに当たる。1933年、首相の座に就いたヒトラーは、大統領のヒンデンブルクに対して、同条項に基づき大統領令を布告させて、憲法に定める基本権を停止。さらにいわゆる「全権委任法」を制定することによって、議会による立法権のほとんどを奪い、独裁体制を確立した。

が立法を行うという体制を作り出した。
ある意味で安倍政権のとき——これは橋本龍太郎さんのときから続いていますけれども——、内閣府が巨大になったり、自民党本部が圧倒的な力を持つようになって派閥の力が骨抜きになったりするとか、要するに中央集権的な力が、とても強まっている。それがこういう小選挙区制のなかで大きく増幅され、議会がさらに形骸化してしまうというふうになっていく。やっぱり、今の傾向は、確かに危ういなという気がします。
**山口**　そういう意味では、危機という言葉は今まで何度も使われてきたけど、今の安倍政権のこのやり方っていうのはかつてない危機だと思いますよ。

## 自己目的化する改憲

**佐藤**　自民党の安倍さんは9条に新たに3項を設けて自衛隊を明記すると言ってい

**空気が薄くなったときに空気の存在を意識するのと同じで、安倍政権のもとで、立憲主義の必要性をかなりの人が認識するようになった——山口**

日本国憲法では緊急事態条項は定められていないが、東日本大震災後の2012年に自民党が公表した憲法改正草案に盛り込まれた。

ます。これに対して自民党内では、石破茂◉さんなどは、じゃあ、自民党の改憲草案はどうしたのだという話をしていますよね。党員としてはそれは正論なのかもしれないけれども、自民党の改憲草案というのはまったくひどい代物なんですよね。これは、大学で憲法を学んだことのない人が書いたとしか思えない。
どういうことかと具体的にいうと、現在の日本国憲法というのは、97条◉でですね、今の憲法の本質である基本的人権について謳っているんですよ。続く98条◉で、そういう憲法は日本の最高法規であるといって、さらに99条◉でこういう憲法を天皇や国務大臣、国会議員、裁判官などの公務員は尊重擁護しなければいけませんよ、といっているわけですね。
この尊重擁護の義務からは、国民が外れているんですよね。なぜかというと、国民が権力者に対して当てた要請文、命令書なわけですよね、憲法というのは。そういう性格を持っているのが近代憲法・現代憲法の本質じゃないですか。現代憲法の流れはフランス革命から来ているわけですから。シェイエス◉の言う「第三身分」である平民、国民が憲法の制定権力となり、革命権力として打ち立てた憲法、これを権力者に守らせるということで作ったのが現代憲法のもとですよね。これから、まっすぐ現代憲法まで来ているわけで、そういう憲法の本質、つまり立憲主義、これを全く知らないとしかいいようのない書き振りがこの自民党の改憲草案ですね。

---

**◉石破茂**
1957年生。自民党衆院議員。防衛相、農水相、自民党幹事長などを歴任。

**◉97条**
「この憲法が日本国民に保障する基本的人権は、人類の多年にわたる自由獲得の努力の成果であつて、これらの権利は、過去幾多の試錬に堪へ、現在及び将来の国民に対し、侵すことのできない永久の権利として信託されたものである。」

**◉98条**
「この憲法は、国の最高法規であつて、その条規に反する法律、命令、詔勅及び国務に関するその他の行為の自民党の改憲草案の「最高法規」という項目からは97条の基本的人権の条項が消えて、「全て国民は、この憲法を尊重しなければならない」という条文が入っているのですね。国民が国民に要請するという、まったく論理破綻を起こしている改憲草案です。現代憲法の歴史も条理も知らない、草案という名前だけのものを石破さんがそういうふうに言い、それから安倍さんも以前に自民党は堂々と改憲草案を出している、どうだというようなことを言うわけですよね。これが政権党の草案なのかと我が目を疑うようなものを党の幹部が最上位に奉《たてまつ》っている。これが日本の政権党の実態です。このあたりは、山口さんがおっしゃるように非常に危険なところだと思います。
安倍さんは祖父の岸信介◉から英才教育を受けたというふうによく言われるじゃないですか。いろいろな政治的な話も聞いたと思うんですよね。その岸さんの戦前の経歴を見ると、満州国◉で地位的にはナンバー2だけど実質的にはナンバー1ですよね。傀儡国家ではありますが、一国を治めていた。やりたいことをやっていたわけ

## 憲法の本質、つまり立憲主義を全く知らないとしかいいようのない自民党の改憲草案——佐藤

全部又は一部は、その効力を有しない。
日本国が締結した条約及び確立された国際法規は、これを誠実に遵守することを必要とする。」

**◉99条**
「天皇又は摂政及び国務大臣、国会議員、裁判官その他の公務員は、この憲法を尊重し擁護する義務を負ふ。」

**◉シェイエス**
1748〜1836年。エマニュエル＝ジョゼフ・シェイエス、またはシイエス。フランス革命の指導者のひとり。著書『第三身分とは何か』において、第三身分（平民）こそがフランス国民全体の

ですけれども、そういった特別な感覚、政治感覚というものが受け継がれているんじゃないかという気がするんですね。
そして、現代憲法の立憲主義、基本的人権といったコロラリーを吹っ飛ばすような戦前日本の特別な感覚、政治感覚といったものが、安倍さんだけではなく、自民党という政権党の構成員には多かれ少なかれ受け継がれているのではないか、という気がします。
**山口**　岸というのは、戦争を進めた張本人の一人であり、戦後はA級戦犯容疑者になったわけで、ある意味では、戦後改革の被害者ですよ。一般の国民は戦後改革の受益者ですよ。岸は被害者。だからやっぱり怨念を持っているわけですよね。その怨念がいわば孫に継承されている。孫はもちろん戦後生まれなのでおじいさんの本当にやったことを知らないし、おじいさんの本当の思いというのは分からないだろうと思う。怨念だけを凝縮されて受け継いでいるという感じですよね。
**佐藤**　だからトランプが来て、ゴルフクラブを贈ったりしていますね。まあ、まさに1950年代に、岸がアメリカに行きアイゼンハワーと一緒にゴルフに興じて、そして、男同士裸でクラブの中を歩いて、そして胸襟を開いたという、岸が生涯自慢にしていたエピソード、それを辿っているのに間違いない話なんですけど。
**外岡**　なぜここまで、改憲の「自己目的化」と思えるほど、安倍さんが改憲にこだ

代表である、と訴えた。
**◉岸信介**
1896〜1987年。戦前、満州国総務庁次長。東条英機内閣の商工相として太平洋戦争の開戦を迎え、戦後A級戦犯被疑者。釈放後、保守合同に尽力して自民党を成立させ、1957年に首相就任。
**◉満州国**
1932年から45年にかけて中国東北部に存在した戦前戦中日本の傀儡国家。

わっているのか、私はいまだによく理解できない。どうしても変えなければならない必然性というか、それを説得力ある言葉で語ったという記憶が安倍さんにはないんですよね。
**山口**　ないです。今回の選挙だって、憲法改正については、ほとんど触れていないわけでしょう。
**外岡**　そうですね。というか、選挙をするにあたって、あるいは解散をするにあたって、そういう説得力ある理由を一切おっしゃらない。要するに選挙で多数派を取ってからその問題を持ち出してくるということを繰り返してきているわけですね、これまで。
**佐藤**　憲法に関しては、安倍さんは過去にこういうことを言っているんですね。つまり、日本は憲法を押し付けられたと。そういう精神状態にあるから日本は上手《うま》くいっていないんだ、というような精神論に近いことを発言していますね。岸にしてみれば憲法を押し付けられたという、そういう感覚がずっと伝わっているのでしょ

**なぜここまで、改憲の「自己目的化」と思えるほど、安倍が改憲にこだわっているのか、いまだによく理解できない——外岡**

うね。
**外岡**　憲法9条に関して、なんのためかという理由を考えると、親米協力を進めて連携を深めるという方向に行っているわけでしょう。そうすると、押し付け憲法だから駄目だというのと、親米姿勢をさらに強めていくというのとが、その中で矛盾してしまう。
**佐藤**　そうですね。まさに矛盾する話だと思うんですけどね。矛盾する話だと思うんだけれども、そこらへんで一種の合理性が働いているのでしょうね、頭の中で。
**山口**　改憲論というのは、圧倒的に国内向けの政治的な争点ですよね。だから、冒頭、外岡さんが言われた現代政治におけるアンチ・エスタブリッシュメントの動きと関連付ければ、やっぱり、安倍は傍流であり、エスタブリッシュメントに今、一所懸命復讐を企てていて。やっぱり、憲法というのは戦後政治のエスタブリッシュメントのシンボルじゃないですかね。
**外岡**　ただ、国内向けとおっしゃっても、現に、限定的とはいえ、集団的自衛権を行使できる、という方向に舵を切った。その効果として、例えば護衛艦が米艦を防護するといった、そういうふうに現実は変わってしまう。とすると、国内向けだといってはすまされない。現に海外支援とか、あるいは直接9条とは関わりないといっても、武器輸出三原則◉を骨抜きにしたり、防衛省が研究機関に資金提供をしたりす

**◉武器輸出三原則**
1967年に佐藤内閣が、⑴共産圏、⑵国連決議で禁止された国、⑶国際紛争の当事国や恐れのある国に、武器輸出を認めない方針を表明。76年には三木内閣がこの方針を厳格化し、これ以外の国へも武器輸出を原則禁止とし、武器製造関連設備の輸出も武器に準ずるとの方針を加えた。
安倍内閣は2014年、これに代わる「防衛装備移転三原則」を策定。⑴移転を禁止する場合の明確化、⑵移転を認めうる場合の限定ならびに厳格審査および情報公開、⑶目的外使用および第三国移転にかかる適正管理の

る動きが続いています。まして今回のトランプ大統領による訪日では、大統領が公の場で、日本はもっと武器を買えと言い、安倍さんが買うということを公式の場で発言する。これまでの常識では、考えられないやりとりが行われた。
**山口**　そうですね。
**外岡**　そういうことを堂々とやってしまうという現実を見て、私は本当に大丈夫かと思いました。私は、安倍さんの言動は、必ずしも国内向けのイデオロギーに固執した問題ではなくて、現に日米関係をも含む、かなり現実的な問題になってきているということだと思いますね。
**山口**　そうですね、確かに。なんか圧倒的に下部構造に組み込まれていくという感じですね。

**トランプ大統領が公の場で、日本はもっと武器を買えと言い、安倍さんが買うということを公式の場で発言する。これまでの常識では考えられない——外岡**

確保、これらを新たな三原則として、武器輸出の事実上の解禁に道を開いた。なお、移転の対象には武器だけでなく周辺技術も含まれるため，呼称を「防衛装備」と改めた。

## 自主と従属

**外岡**　それにつけても、集団的自衛権◉の問題でいつも提起されるのは、要するに日米安保条約とのかかわりです。今まで憲法9条で制約された自衛隊、それと日米安保条約の二本柱がセットになって、国民の八割以上の世論が、戦後の安全保障体制を支持してきたわけですよね。その日米安保条約では、5条と6条が非対称の双務関係になっている◉。日本は米国に基地を提供する代わりに、米軍は日本と共に集団的自衛権を発動する。つまり日本は、憲法の規定に従って、集団的自衛権を行使できませんという前提で作られた条約です。

それを勝手に憲法解釈によって変更して、じゃあ、在日米軍基地はどうなるのかという話なんですが、それについてはほとんど何も言っていない、沖縄の基地を減らせとも、日米地位協定を変えよとも言っていない。これは一体なんだろうと疑問に思わざるを得ません。

今回の選挙で沖縄では、一人を除いて全員、翁長雄志知事を支持する「オール与党」の候補者が当選し、全国と違う結果になりました。翁長さんが結集しているオール沖縄の基本軸というのは、日本が安全保障を大事というのなら、なぜその負担を沖縄だけに押し付けるのか、というところにあると思うんですよ。一方的に米国へ

**◉集団的自衛権**
A国が武力攻撃を受けた場合、直接攻撃を受けていないB国が、A国と共同して防衛を行う国際法上の権利。専守防衛・個別的自衛権を旨とする日本国憲法の下ではこの権利は認められない、と歴代政権は解釈してきたが、安倍政権は安全保障法制においてこの解釈を変更した。

**◉5条と6条が…**

日米安全保障条約第5条「各締約国は、日本国の施政の下にある領域における、いずれか一方に対する武力攻撃が、自国の平和及び安全を危うくするものであることを認め、自国の憲法上の規定及び

の協力を深めているだけで、どうして沖縄の基地をなくす努力をしてくれないのか、と。そういう素朴な疑問に対して、安倍政権は最低限でも誠実に答えるべきではないか、と思います。
**山口**　だから、自主憲法といいながら、ますます従属のための憲法解釈になっているということですよね。
**外岡**　そうなんですよね。
**山口**　トランプが日本に来て、横田基地にいきなり降りてきてね、ゴルフに行くなんて、右翼はなんで問題にしないのかと思いますけどね。
**佐藤**　だから、アメリカといえどももちろん一枚岩ではないというのはわかりきった話ですね。簡単にいえば、共和党と民主党があって、共和党はだいたいそういう姿勢で日本に臨むというのが基本にありますよね、民主党は、そこまでやる必要はありません、というようなことがありますね。
**外岡**　基本的に米国は、民主党であれ、共和党であれ、対日姿勢というのは同じで、

## 自主憲法といいながら、ますます従属のための憲法解釈になっている——山口

手続に従って共通の危険に対処するように行動することを宣言する。…」
同第6条「日本国の安全に寄与し、並びに極東における国際の平和及び安全の維持に寄与するため、アメリカ合衆国は、その陸軍、空軍及び海軍が日本国において施設及び区域を使用することを許される。…」
**◉マッカーシー旋風**　マッカーシズム。1950年代の米国で吹き荒れた反共産主義に基づく「赤狩り」旋風。共和党のジョゼフ・マッカーシー上院議員の告発をきっかけに米政府職員や米映画界、メディア関係者の間に吹き荒れた。告発はし

圧力をかけて協力・支援をさせる、ということをずっとこれまでやってきた。トランプという人はむしろ、民主・共和のコンセンサスであったそういう「コンベンショナル・ウィズダム（慣習知）」みたいな約束事をひっくり返していい、という立場で政策を決めている。だから、彼は共和党の代表だと思わないようがむしろいいと思いますけどね。もう、共和党の中でも「異端児」ですから。
**山口**　まぁ、要するに、下品に直接的に要求をぶつけるというのが特徴ですよね。
**佐藤**　トランプというと、知る人ぞ知る話ですが、1950年代のマッカーシー旋風のときの、ロイ・コーンですね。ジョセフ・マッカーシーのあの弁護士の片腕がいたじゃないですか。そのロイ・コーンの影響をものすごく受けていますから、その意味で、簡単にいったら、マッカーシズムの再来みたいなところもあるんですよ。つまり、国内的には非常に超右翼といいますか、そういうことをやる人間ではあるんですね。ところが対外的なところになると、ソフトなところもある、ハードもある、みたいな感じなんですね。ただ対外的にはやっぱり、伝統的な共和党の、例えば、ニクソンあたりのやり方と似ているような気もします。
**外岡**　ロイ・コーンというのは、やり手の弁護士で、マッカーシズムが吹き荒れる時代に、核技術をソ連に漏洩《ろうえい》した疑いで、ローゼンバーグ夫妻を死刑台に送ったと言われています。「Angels in America」というアメリカで有名な戯曲があって、

ばしば根拠がなく、激しい「リベラル狩り」の様相を見せた。

**◉ロイ・コーン**
1927～86年。米国の弁護士。ローゼンバーグ事件後、マッカーシーの右腕となる。ニクソンやレーガンと親交があり、トランプとも関係が深い。

**◉ニクソン**
1913～94年。第37代米国大統領。再選後の74年、ウォーターゲート事件により大統領辞任に追い込まれ

その中に登場する主要人物です。やっぱり、トランプさんを見ていると、50年代のアメリカのマッカーシズム、一種の「魔女狩り」、なんていうのかな、風に煽られてものすごく熱狂していくときの米国社会の危うさみたいなのを感じますね。だから、トランプさんというよりも、彼を支えている人たちの中に、何か今までのアメリカと違うものが今出てきている、という気がします。

だから、トランプさんを批判していればそれですむって話ではまったくなくて、かなり根っこの深い、これからも持続するものだろうという気がしてなりません。50年代の再来とまでは行かなくても、ああいう方向にアメリカが傾斜していくという、一つの重要なサインになってきていると思うんですよね。

**佐藤** 僕は、アメリカで取材しているときに、カメラマンと一緒に街をうろうろしていたんです。そうしたら、作業員風の白人の方が、我々のことを遠巻きにずっと見張っているような感じなんですよ。ウオッチしているんですね。すると、一緒に歩いていたそのカメラマンが私に囁くんですよ。「気をつけろ。俺はユダヤ人だろ、

**トランプを見ていると、50年代のアメリカのマッカーシズムのような、風に煽られて熱狂していくときの米国社会の危うさみたいなのを感じる——外岡**

た。

◉「Angels in America」
トニー・クシュナーの長篇戯曲。1993年のピュリツァー賞やトニー賞を受賞した。テレビ版（全体で6時間近くに及ぶ）も制作され、エミー賞で作品賞を含む11部門、ゴールデングローブ賞で5部門を受賞。ロイ・コーン役はアル・パチーノが演じた。

見れば分かる。お前は東洋人だろ、見ればすぐに分かる。あいつは『レッドネック』だ」と。つまり、首の後ろが赤い労務者で、要するにホワイトであることにしか誇りを持てない人だから、我々のような異端者は目を付けられている。下手をしたら危ないぞ、と言うんですね。もちろん、ふつう外見からは分かりません。「レッドネック」というのは一種の差別語です。

この「レッドネック」というのはやっぱり、今のトランプを支えている一つの有力な層であるとも指摘されていますよ。米国のエスタブリッシュメントにとっては今まで相手にもしていなかった、そういう人たちの熱烈な支持を集めているわけですね。

## ポスト・トゥルースとフェイクの上の権力

**外岡**　さっきご紹介した『ナチスの「手口」と緊急事態条項』という本は、要するにナチスを支えた層って一体なんだったのかという分析なんです、まず、保守がいて、それで没落する中間層がいたと。他方には共産党が、社会主義や共産主義運動があった。保守はナチスを使って共産主義運動を排除しようとして、それを没落するドイツの中間層が支持するような構図になっていきます。

ナチスが台頭してくると、それはもう、途中からコントロールができない形になってくるわけですよね。彼らは実力装置、突撃隊や親衛隊を持っていますから。そういうものが、やがて警察・治安行政の中に組み込まれていく。そういう状態になると、もう、後戻りできないんですね。もちろん、現代では簡単にそういう体制に戻ることはないとは思いますが、最近の動きを見ていると、今の社会は、そのプロセスのかなり近くにまで来ているという怖さを感じるんです。

あと、やっぱり、街頭での暴力というのが、ナチスが台頭するまで頻繁にあって、これについては朝日選書から本が出ています。ついでにご紹介すると、『ヒトラー 独裁への道』というハインツ・ヘーネというジャーナリストが書いた本で、「ワイマール共和国崩壊まで」という副題が付いています。これを見ると、ヒトラーが単独でたやすく独裁政権を握ったわけではないことが、よく分かります。それ以前に日常的に様々な暴力が街頭で繰り広げられ、要

**今の日本の社会は、ヒトラーが台頭したプロセスのかなり近くにまで来ているという怖さを感じる――外岡**

するにもめ事を自分たちで起こして、その暴力に介入すると称して、私的な暴力装置が入っていく。それを見て人々が、治安回復に安堵する一方、ナチスの暴力集団に萎縮するという経過が克明に出ています。だからいざ、そういうプロセスが始まっちゃうと、もう手遅れになるということです。そう感じました。
**佐藤**　安倍政権を応援する層を見ていると、そこまで極端ではもちろんないけれども、右翼の度合いが非常に進んでいるという気がします。旗なんか見ても、日の丸の旗を振る度合いが、ものすごく多いですよね。
**山口**　なんかポスト・トゥルース◉（Post truth）とかフェイク（Fake）とかアメリカ・ヨーロッパでいろいろなことがありましたけれど、日本にもそういう現象がかなり浸透してきていると言えるでしょう。「公の世界で仕事をする人は嘘をついてはいけない」というような基本的なルールがもう崩壊しちゃっているわけですよね。最近、朝日新聞は、ファクトチェックとかってやり始めましたけれども、安倍政権って、やっぱりフェイクの上に成り立っている権力だと私は思うんですよ。それがメディアを巻き込んでこう、開き直っちゃっているというか、責任追及ができなくなっちゃっている。
**外岡**　東京オリンピック招致のときに安倍さんが、福島第一原発の被害について、「アンダーコントロール」と言ったでしょう。あれ、普通はマスコミが騒然とする

**◉ポスト・トゥルース**
イギリスのオックスフォード英語辞典が「2016 Word Of The Year（2016年を象徴する言葉）」として選んだ言葉。客観的な事実より、虚偽であっても個人の感情に訴え自分に都合のよい言論のほうが、世論形成において強い影響力を持っている状況のこと。
その背景として、既存メディアの信頼度が低下していること、また、SNSの普及により、事実誤認や裏付けのないフェイク情報が安易に発信されるようになっていること、などが指摘されている。

場面です。それが、あれをマスコミがパスしちゃったというのは驚きでした。いや、もちろん、批判した社もありますけれど、ああいうことを公に言ってね、黙って通してしまうということがやっぱり、ちょっと信じられないですね。
**山口**　そこまで、公共空間の議論っていうのが劣化しているわけですよ。国会そのものもそうですけれど。こういう状況の中でこう、まともな社会の常識とかルールみたいなものを共有していく、その作業そのものがすごく困難になっちゃった。
**佐藤**　安保法制にしても、根拠となるものがまるで根拠となっていないんですね。集団的自衛権の合憲性の根拠として、集団的自衛権を争ったわけではない砂川《すながわ》判決◉を持ち出してきたりする。どうしてそれが根拠になるのか、合理的に考えるなら、どうしても首を傾げざるを得ない。さきほどの自民党の改憲草案も同じような問題なのですが、根拠にならないものを根拠として言い張るものだから、言論というものがまるで成り立たないんですよね。それは加計問題とか森友問題にしても同じで、これだけ不合理なことが積み重なっているのに、一所懸命説明したと安倍さんは言

## 安倍政権はフェイクの上に成り立っている権力——山口

**◉砂川判決**
1957年の砂川事件に対する59年の最高裁判決。東京都・砂川町の米軍立川基地拡張に反対するデモ隊が基地内に侵入、日米安全保障条約に基づく行政協定刑事特別法違反で起訴された。
伊達判決と呼ばれた一審判決は日米安保条約を違憲としたが、最高裁は、高度な政治性を持つ条約については法的判断を下すことはできないという統治行為論を採って一審判決を破棄した。
最高裁は判決の中で自衛権を認めているため、安倍内閣は集団的自衛権採用の根拠とした。しかし、判決では集団的自衛権そのもの

い張る。何ひとつ説明になっていないし、何ひとつ納得できていないのに十分時間を取ったと、そういうことになっているんですね。

**外岡**　ポスト・トゥルースの問題でいうと、あの言葉を定義したオックスフォード英語辞典の人たちが言うのは、要するに既成のメディアに比べてＳＮＳのメディアがかなり大きな影響力を持つという、そういう文脈の中で使われている言葉ですね。確かにそれはあって、既成のメディアの影響力の低下が、やはりこの問題に直結しているという気がするんですよね。

　というのは、私は前にもお話ししましたけれども、２０１６年にイギリスでＥＵからの離脱を問う国民投票があって、それまで周りに「そんなこと、絶対あり得ない」と言っていたんですよ。その予想が見事に外れて、びっくりして、直後の７月にイギリスに行って、なんでこうなったのって、聞いて回ったんです。それで分かったのは、「タイムズ」とか「フィナンシャル・タイムズ」とか、ＢＢＣとか、だれも読んでないし、見聞きもしていないんですよね。

*Sotooka Hidetoshi*

山口　ああ……。
外岡　我々はそういう主要メディアの論調を見て分析するじゃないですか。それで今のイギリスはこうだと思い込んでいた。投票の前には保守党も含めてみんな「これは自傷行為だ」、自分を傷つける行為だと説得していたわけですよ。ＢＢＣもそうだし、「タイムズ」も「ガーディアン」も含めてね、みんなそうだったのに、それを国民が読んでいない、見られていない、聞かれていないということが分かって、「あっ、これだもの、こっちで見ていて間違えるはずだ」と思いました。
それは多分、２０１６年の米大統領選でも同じです。「ニューヨーク・タイムズ」は脱税疑惑問題をあげてトランプ候補につっこみ、「ワシントン・ポスト」はそのセクハラ疑惑を暴いた。従来だったら、それで当選の目は吹っ飛ぶはずですが、ほとんどそれが影響しなかった。ロシアがフェイク・ニュースを拡散し、選挙に介入したせいもある、という人もいますけど、「ああ、そういう潮流になっているのだな」っていう時代なんですね。我々は、外国を分析しても、主要メディアを見てい

## 主要メディアを見ているだけでは分からない時代に入っている——外岡

は問題になっていない。

るだけでは分からない時代に入っているな、というのが実感です。
**山口**　いや、日本の場合もそうですよね。やっぱり事実を認識すること自体が難しくなってきている時代です。
**外岡**　例えば、山口先生が、外国の情勢を分析するときに参考になさるのは、どういう情報ですか。
**山口**　それはやっぱり新聞……、基本的には。
**外岡**　けれど、その新聞が読まれていないとか、影響力を持たないとなっちゃうと、どうなるのでしょう、本当に。講読数は少ないけれども、世論に影響力があって、言論の公共空間があると、それをＢＢＣとかメディアがきちんと伝えているということであれば、事実や論評への信頼感があるんですけど、それすら危うくなっているという危機を感じますね。
**山口**　いや、ですから、一方で野党を強めるっていう話もあるんですけれども、やっぱり、改憲国民投票が具体的に日程に上ってくるときに、どういう形で公共的議論をやるのかが、喫緊《きっきん》の課題なんですよ。
**外岡**　うーん、本当ですね。
**山口**　ただ、まあ、私はそんなに悲観的ではなくて、世論調査を見る限り、安倍首相に対する飽きや反感はかなりたまっています。今のところはまだそれなりに冷静に見ている人が多いかなとは思う。
**外岡**　ただ、いつも世論はね、原発もそうですし、支持率にしてもそうなんですけど、批判的に見てはいるんだけれども、選挙の結果にそれが反映されないんですね。
**山口**　だから、選挙と政策についての意思表示は違うんですよね。選挙は人を選ぶ行為ですから。しかも、今回みたいに、政権選択といいながら、野党のほうが次の政権のイメージを全く示せない。となれば、それは自民党が勝ちますよ、それは仕方ないですよね。ただ、先程から言っているように、自民党の力って相当やっぱり弱っている。比例のほうもかなり減っているし、公明党も減っているし。そういう意味では、やっぱり、小選挙区制が自民党の多数を作っているんですね。
**外岡**　そうですね。
**山口**　だから、選挙であえて、憲法についてどう思うかっていう意思表示を迫られれば、まあ日頃考えていることをそのまま意思表示するはずだと、今の段階では思うんですけどね。ただ……。

## 改憲国民投票が具体的に日程に上ってくるときに、どういう形で公共的議論をやるのかが、喫緊の課題――山口

## 9条と自衛隊

**佐藤**　山口さんがおっしゃったように、憲法改正というのは日程に上ってくることはほぼ間違いがないだろう、と思います。安倍さんとしてはやはり9条を変えたい、3項を作って、自衛隊を明記したい、ということなんですね。そうなると、集団的自衛権を認められた自衛隊そのものを認めることになってしまうということですよね。

9条というのは確かに問題を抱えているのは事実でしょう。国際貢献として自衛隊をPKOとして国外に出しています。しかし、日本は軍隊を持つことを認めていませんから、軍法会議◉が存在しません。しかし、軍法会議がない状態で、もしなんらかのアクシデントが起こり、殺傷行為があった場合には、とても対処しきれないでしょう。国外のPKO活動中の自衛隊員を日本の刑法で裁くということはまず無理でしょう。そうなると、自衛隊の活動はまったく法の外に出てしまうことになり、派遣先の国民にとっては無頼《ぶらい》の集団ということになってしまう。

このような状態を考えると、やはり軍法会議は必要だという議論がありますよね。そこのところで確かに9条は非常に問題なんだけども、さあ、安倍さんのもとで9条を変えるのかというと、とてもそんなことはできないということになるんですよ

**◉軍法会議**　軍の刑事裁判所。自衛隊員の非違については軍法会議は存在しない。

ね。
**外岡**　やっぱり、枝野さんがおっしゃっているみたいにね、安保法制を通したあとの改憲論とその前の改憲論では全く違う意味を持っていて、ある意味で今回の改憲にしても、改悪にしても、要するに安全保障体制を完成させるという意味合いですよね。つまり、それを広げていくという。だから、それは、今の解釈改憲の経過そのものを認めるということにほかなりません。やはりそれは到底呑めないというふうに私は思います。先生はいかがですか。
**山口**　いや、私もそこは同感ですよ。だから、私自身は90年代の初めに、9条に自衛隊を明記するみたいなことをちょっと書いたことがあるんですね。それは、かつての自民党の本流の護憲の原理を文章化するという意図でした話です。だから、ある意味で、村山政権の先取りで、社会党が自衛隊違憲の旗を下ろして、専守防衛で集団的自衛権を使わない自衛隊は憲法上認めるみたいなことを、なんかの形で文書化しましょう、と書いたことがある。

## 安保法制を通したあとの改憲論とその前の改憲論では、全く違う意味を持っている——外岡

だけど、やっぱり、今は全然状況が違うわけですよ。90年代の前半というのは、戦争の意味づけについても日本が悪かったというふうに自民党の人たち含めて合意があったし、天皇も訪中して、一応、ある種の歴史に区切りをつけるみたいなことを皆でやったわけだし。やっぱり船橋洋一◉さんがあのころ使った言葉でいえば、「シビリアン・ソフトパワー◉」として生きていく、みたいな合意があったと思う。それを文章化するっていうのは……。
**外岡**　それは冷戦が終わって、不毛なイデオロギー対立で、「改憲だ、護憲だ」というようなそういうところで空中戦をやるのはもうやめようと。だから今ある自衛隊をコンセンサスでもってね、逆にコントロールしていくという発想ですよね。
**山口**　そうですね。ただ、今、安倍政権が集団的自衛権を認めたわけですし、おっしゃっているように、現実に朝鮮半島の危機がある中で、どんどんアメリカと一体化して軍事力の行使を支えるという方向に踏み出そうとしているわけですから。そういう自衛隊を憲法に書くというのは、それは9条の破壊だと私も思いますよね。
**外岡**　さきほど軍法会議のことをおっしゃったですけれども、要するに、戦後の軍事法制――カッコ付きですけれども――というのは、まさにその憲法9条があるためにあえて欠落させる、あえて作らなかったという領域でした。空白のままにしておくという前提で今の安全保障体制ができていますから。それを「他の国がるの

**◉船橋洋一**　1944年生。元朝日新聞主筆、コラムニスト、評論家。『内部』『通貨烈々』『カウントダウン・メルトダウン』ほか著作も多く、吉野作造賞や大宅壮一ノンフィクション賞などを受賞している。
**◉シビリアン・ソフトパワー**　経済援助、医療、教育など非軍事的な手段によって国際貢献を進めるという国家のモデル。

に、日本だけないのはおかしい」と、これを「法制の不備だ」というやり方で埋めていくのは、要するに軍事大国化するという方向にしか行かない、と私は思うんです。だって、いまだに海外に武器輸出をして、原爆も持っていて、外征能力があるといったら、安保理の五常任理事国だけなのですから。要するに、そうした国をモデルとして日本もそうなりたい、「普通の国」になりたい、というのは、私は要するに単なる軍事国家に戻るという、それを目指す表明以外にないと思うんですよ。だから、どこに限界をおいて、われわれはどこまで関与をするのかということを、やっぱり自ら手を縛るというか、そこの、「矩《のり》」を決めておくことが、必要だということです。
**佐藤** そこのところは、やはり軍法会議がないと、PKO活動中にまさに事故などが起きた場合に、裁く法が日本の刑法しかないということでは非常に困る。このために、なんとかしなきゃいけないということで、小沢さんが前からおっしゃっているのは、国連軍、国連常備軍というのを制度的に新しく作って、国連の規定を変えて、

**「普通の国」になりたい、というのは、要するに単なる軍事国家に戻るという表明以外にない——外岡**

日本にもそれを作ったらいいのではないか、日本の憲法にも国連常備軍などを加えて、そういう形で普通の軍隊ではない、そういう国連常備軍◉としておいて、それに対する軍法会議というものを設けたらいいのではないか、という提案をしています。
**山口** その場合、やっぱり、日本は主権を放棄するわけですね。
**佐藤** それはまあ、そうですね。
**山口** その部隊に関しては。
**佐藤** その件はそうですね。
**外岡** 国連軍そのものを米軍が飲まない限り、やっぱりもう、絵にかいた餅だという気がしますけどね。アメリカは、軍隊の指揮権は絶対譲らないですから。そうすると国連軍というのは、発想としては分かるし、憲章にも書いてありますけど、実現性はあまりないということだと思います。
**佐藤** 軍法会議のことに関しては、今、安倍政権のもとではやっぱり、議論はできない、結論は出ないという考えを私は持ちますね。やはり、それはいかようにも仮定を置かれ、利用されてしまうのでないかと思います。議論や言論が通用しない政権のもとでは、あまりに危険過ぎると思います。軍の問題というものは、やはりもっと落ち着いた政権のもとで、冷静に議論すべきだと思いますね。
**外岡** 先ほど山口先生がおっしゃったように、90年代の前半、あるいは村山政権の

---

**◉国連常備軍**
即応体制を備えた国連待機軍はすでに存在しているが、国際公務員としての国連常備軍の実現の目途は立っていない。

**◉村山談話**
敗戦から50年経った1995年8月15日に、村山富市首相が閣議決定に基づいて発表した声明。日本が第二次大戦中にアジア諸国に対して侵略や植民地支配を行ったことを認め、謝罪したもの。日本の公式見解として、以後の歴代内閣に引き継がれている。

**◉河野談話**
1991年に韓国の元慰安婦らが日本政府

ときには、村山談話◉があり、河野談話◉があり、それで冷戦が終わって、やっぱり過去についてもけじめをつけて、それで国内のそのいろいろな異論もそこで決着をつけようとした一つの機運があった時期ですよね。
**山口**　ええ、そうです。
**外岡**　そこがたぶん、今までの一番の達成点で、それ以上に進むどころか、ドイツとは違って、逆に近隣とも関係が駄目になっちゃったし、国内でも対立が激しくなっている。この場合、もはや収拾がつかないところに来ちゃっている、という感じがしますよね。最近の様子を見ていると。
**山口**　だから、さっきから言っているみたいに議会の劣化とか、公共空間の崩壊みたいに難しい状況ではあるけど、さっきの話に戻ると、今の野党というのは、村山政権の基本的な政策の枠組みをもう一回打ち立ててね、自民党と対決していく、国民に選択肢を提示していく。そうすると、穏健な保守層も含めて、まだまだ、こっちのほうに多数派はつくとは思うんだけどな。

**議論や言論が通用しない政権のもとでは、軍の問題は議論できない。あまりに危険過ぎる——佐藤**

に補償を求めて提訴したことを受け、調査を踏まえて、93年に宮沢喜一内閣の河野洋平官房長官が公表した談話。慰安所の設置や管理、慰安婦の移送について「旧日本軍が直接あるいは間接に関与した」事実を認め、元慰安婦に「心からお詫びと反省の気持ち」を表明した。

外岡　少なくとも、その安倍政権みたいに突出したやり方でね、なんでもありみたいなやり方は、これはやっぱり立憲主義とはいえないという不満や批判は、かなり多くの人が感じていると思う。ただ、それがなかなか、票とか議席となって表れない。結果になってこない。それが、政治そのものに期待しない、という負の循環になっている。
山口　それは選挙制度の問題と政党の組み立てという問題が二つあって。まあ、これは試行錯誤ですね。失敗ばっかりして。少しは学習しろと言いたいですよ。

## 政権構想なき政権交代

佐藤　先ほど山口さんがおっしゃった、政権構想をどう構築していくかという問題は、日本の場合きわめて重要なのではないでしょうか。山口さんは、現代日本の政治改革の歴史の中で常に問題を投げかけ、実際の動きの中心を歩んでこられたと思います。１９８７年に『大蔵官僚支配の終焉』という著作を岩波書店から出されましたけれども、そこでは大蔵省支配の限界を説いていて、その限界から先にある日本の政党政治を打ち立てるにはどうしたらよいか、

ずっと考え続けてこられたように思います。そしてその過程で、イギリスの二大政党制はどういうふうに成り立っているのか、現代の議院内閣制の本来の姿というのはこうなんだというものを日本に紹介されてきました。
それに影響を受けた政治家は少なくないんですね。例えば菅直人さんにしてもそう、小沢一郎さんにしてもそう、仙谷由人さんもそう、民主党政権はそれでできたと言っても過言ではないぐらいの影響力はあったんですよね。
**山口** そんな、大したことはないですよ。
**佐藤** それに応じて、日本の政治改革の動きは、やがて、政権交代可能な小選挙区制という選挙制度に議論が収斂《しゅうれん》していくわけですね。収斂して実際に選挙をやるんだけれども、政権交代した後の政権がもたないという事態が2回繰り返されるんですよ。1回目は細川護熙《もりひろ》政権の時で、2度目は民主党政権。そのたびに私が思ったのは、なんでこう、簡単に崩れ去ってしまうのだろうかということなんです。それで私も経験上理解したのは、十分な政権構想というものを打ち立てないからだとい

**政権交代した政権がもたないという事態が繰り返したのは、十分な政権構想を打ち立てられなかったから——佐藤**

---

**◉菅直人**　1946年生。衆院議員。学生運動から市民運動に入り、市川房枝の選挙を応援したことを契機に政界入りした。民主党代表から首相になったが、小沢グループとの確執などから党分裂の危機を招いた。
**◉仙谷由人**　1946年生。弁護士。元衆院議員。菅内閣時代、内閣官房長官。
**◉細川護熙政権**　1993年8月から94年4月まで続いた、細川護熙衆院議員を首相とする非自民8党派による連立政権。55年の保守合同以来、自民党が初めて下野した。

うことなんですね。
と言いますのは、1998年のいわゆる金融国会を迎えたときに、私は仙谷さんに呼ばれて、金融問題、特に不良債権問題に関していろいろと教えてくれと依頼されたのですね。私は、日本債券信用銀行◉や日本長期信用銀行◉、いろいろの都市銀行などの不良債権の実態を具体的に調査、取材して、当時在籍していた『AERA』に記事を書き続けていましたから。呼ばれた衆院議員会館地下の会議室に行くと、仙谷さんを真ん中にして、右に熊谷弘◉さん、左に横路孝弘◉さんが並んで、「具体的に教えてくれ」と言うわけです。
そのときに私は一つの条件を出したんですね。大蔵省は財政と金融を分離しなければいけない、分離することを最後まで頑張るんだったら私は協力するということです。仙谷さんを中心に三人とも頑張るという話だったので協力したわけですが、そのとき私は、民主党代表の菅さんに特別に時間を取ってもらって、「財金分離を一つの嚆矢《こうし》として大蔵省の改革を考えてほしい。そして、大蔵省改革を基にして、日本の官僚制、政治全体を見直す構想を打ち立ててほしい。それを政権構想として打ち立ててほしい」と何度も言ったんです。一介の記者である私ごときがなかば説得じみたことを言うのはおかしなことですが、残念なことに、その時、菅さんはまったく反応しなかったんですね。そこが菅さんの政治家としての限界的な部分

**◉民主党政権**
2009年9月から12年12月まで続いた非自民政権。野党が単独過半数を制して政権交代を実現したのは戦後初めてだったが、政権運営につまづき、再び自民党に政権を奪われた。

**◉日本債券信用銀行**
戦前の朝鮮銀行の資産を基に、戦後、日本不動産銀行として設立。1998年の経営破綻後、あおぞら銀行に行名変更。

**◉日本長期信用銀行**
1952年設立。98年10月に経営破綻。国有化後、新生銀行に改称。

だと思うんです。

それで、その時に、政権構想を打ち立てる第一のチャンスが駄目になったというのが私の実感なんですね。ちょうどその頃から、山口さんとお付き合いが始まっているわけですけれども。

**山口**　そうですね。

**佐藤**　その後、民主党政権になって、国家戦略局ができるんです。国家戦略局というのは非常に期待を持たせるネーミングでもあり、期待の集まる機構だったんですね。この国家戦略局に関する話は、その後、鳩山由紀夫さんや松井孝治さん、小沢さんや菅さんにも詳しく聞きました。政権交代と同時に、鳩山さんが松井さんに作らせた機構だったのですが、もと経済産業省の官僚だった松井さんの発想というのは、予算編成権を政治のもとに取り戻そうということだったんですね。

それで、鳩山さんがその国家戦略局の責任者に任命したのは、菅さんだったんですね。しかし、菅さんはまったく動かなかったんです。まったく動かなかった。そ

**鳩山政権の時の国家戦略局は、予算編成権を政治のもとに取り戻そうということだったが、責任者の菅さんが動かなかった——佐藤**

---

**◉熊谷弘**
1940年生。自民党から出馬し当選、その後離党して新生党の結党に参加。細川内閣で通商産業大臣に、羽田内閣で内閣官房長官に就任。その後、新進党、太陽党、民政党、民主党を経て、保守新党の代表に。2003年に政界を引退。
**◉横路孝弘**
1941年生。弁護士をへて社会党から衆院議員に初当選。その後、北海道知事を3期務め、衆院議員（民主党）に復帰。2017年の総選挙には出馬せず、政界を引退した。
**◉鳩山由紀夫**
1947年生。元衆

のときに、菅さんと松井さんの二人の頭の中はまるで違っていたんです。どういうことかというと、菅さん、そのとき言ったのは「いや、あれは屋上屋を重ねることになる」ということで、予算編成などはできないということだったんですね。確かに、戦前の企画院◉のように「官僚機構の上に屋上屋《おくじょうおく》を重ねてしまう」という心配もあったことはあったんです。そういう考え方もあったことは事実です。

ところが松井さんとしては、そうじゃなくて、大蔵省・財務省から予算編成の柱の部分を政治のほうで引き取って、国家の中枢部分を政治の手に取り戻そうという考えだったんですね。だから、政権の最大の要の部分で、政権中枢のメンバー間の認識がまるで合っていなかった。ということで、国家戦略局はどんどん尻窄《すぼ》みになっていったんです。つまり、最も肝心のことでさえ、まったくすり合わせも何もできていなかったということなのです。政権構想という意味合いでは、国家戦略局というのは民主党政権の一番の中心だったんですが、まったくすり合わせも相談もできていなかったという非常に残念な事態があったんですね。

それで、その当時、2010年度予算というのが喫緊の問題になったんですよ。2010年度予算案をどうやって作るかというところで、財務官僚から、言ってみれば牽制の言葉が入ったんですね。つまり、簡単にいえば、我々の言うことを聞かなければ越年編成になるぞ、ということです。越年編成になったっていいわけだけ

院議員。細川政権では内閣官房副長官。民主党政権では初代首相に就任した。
**◉松井孝治**
1960年生。慶應義塾大学教授。通産官僚から元参院議員。鳩山内閣の内閣官房副長官。
**◉企画院**
戦前の内閣直属機関。物資動員と重要政策の企画立案を担当。統制派の革新官僚の牙城となった。
**◉古賀茂明さんが…公務員改革**
天下り禁止など本格的な公務員制度改革に取り組んでいた古賀氏は、総選挙で大きい支

れども、仙谷さん、菅さんは避けたんですね。そして、ここで官僚に足下を見られてほとんどの改革を投げ打ってしまったんです。古賀茂明さんが取り組んでいた公務員改革◉もこの時に吹っ飛ばされたと思うのですが、民主党政権の挫折は実はこの最初の勝負で決まってしまったのですね。

そこで私は痛感するのですが、政権交代を目指す野党は、なぜしっかりした政権構想を作らないのか。だって、山口さんが1987年に『大蔵官僚支配の終焉』という本を出して問題提起して以来20年、金融国会以来10年経つわけですよ。それ以来、問題が分かっているはずなのに、なんで政権構想を練らなかったのか。私は非常に疑問に思ったし、今でも非常に疑問なんですね。なぜかというと、民進党があり、希望の党ができた。それら野党が政権交代を言うのであれば、政権を取った後、どのような構想を抱いているのか、国民に訴えなければならないはずです。そのために、一体どういう努力をしてきたのか。私は非常に疑問に思うのです。山口さんは、どう思われますか。

## 政権交代を目指す野党は、なぜしっかりした政権構想を作らないのか――佐藤

持を受けた民主党政権に期待していたが、2009年12月、公務員改革の担当大臣だった仙谷由人氏によって国家公務員制度改革推進本部の審議官を外され、以後、公務員改革は骨抜きになっていった。

**山口**　政権交代というよりも、権力者の入れ替わりでしかないですよね。だから運転席に座る人が入れ替わるけれども、相変わらず、飛行機が自動操縦で飛び続けるみたいな、そこのところについて踏み込んで方向そのものを切り替えるみたいな明確な構想を持っている政治家って、案外いないんでしょうね。前原は、井手英策◉氏の教えを受けて、多少踏み込んだ政策構想を出そうとしたんだけど、そういうのを全部放り捨てて、希望の党になだれ込んだというところで、やっぱりすごい限界を感じますよね。所詮、政策なんてその程度のものかいな、という。
**外岡**　民主党は政権時の総括というのを、きちんとやったんですか。
**山口**　我々学者はいろいろしましたけどね、ご本人たちはあまりやっていないんじゃないですかね。
**外岡**　ふうん……。先生たちの総括の結果、失敗の原因っていうのはなんだったのですか。
**山口**　やっぱり、それは、もう、構想というか、理念というか。
**外岡**　欠如。
**山口**　民主党を統合するコアになる政策の柱が実はなかった。政権交代そのものが目的だったですから。
**外岡**　ああ。ただ、一応マニフェスト◉を作って。

---

◉**井出英策**
1972年生。慶應義塾大学経済学部教授。専門は財政社会学、財政金融史。

山口　あんなものは、通販のカタログみたいなものですよ。いろいろな商品が並んでいるけれど、脈絡がないわけですよ。
佐藤　それはちょっとマスコミも悪いところがあってね。つまり、マニフェストの項目にこだわりすぎたということがあったと思うんです。人間ってスーパーマンじゃないから、そんな完璧なものは作れないんですよね
山口　まして野党のときに作る政策なんて、しょせん限界があるわけだ。やってみて、「ここはできない、ここだけはやる」みたいなそういう議論をすればよかったですけどね。
佐藤　その意味で、国家戦略局というのは重要な問題だったのですね。まさに山口さんが問題提起をされて以来、まず大蔵省・財務省の支配をどうするかということが一番のポイントだと思うのです。ところが、菅さんに何度も問題提起したんですが、「いや、政治的な問題が10本あるとすれば、そのうちの一つに過ぎない」と明言されたんですね。これについては、私はどうしても未だに理解できません。菅さ

**民主党を統合するコアになる政策の柱が実はなかった。政権交代そのものが目的だった――山口**

**◉マニフェスト**
選挙に際して、政党が公表する声明書・政権公約。具体性を欠く選挙公約やスローガンとは異なり，政策の数値目標，実施期限，財源などを明示するのが通例。法的拘束力はないが、達成度という形で成果が問われる。
イギリスが発祥で、日本では2003年春の統一地方選挙で導入され、以後、中央政界にも広がった。

んはそういうことを考える人ではなかったということですね。はっきり言って。
**山口**　アハハ。
**外岡**　いやあ。
**山口**　ちょっとそれは気の毒な、とも思うけど。
**一同**　（笑）
**佐藤**　ですからはっきり言えば、２０１０年度の予算編成のその日にもう、民主党の失敗は決まったと思うんです。例えば、以前古賀さんから聞いた話だけれども、古賀さんは公務員改革ができると思って仙谷さんのところへ行ったら、「いや、もう、ちょっと、その話は」ということで全然話にならなかった、ということですから。
**外岡**　なるほどねぇ。しかし、その直後にね、２０１1年の3月に東日本大震災が起きるわけですけど、そうやって、補正予算を緊急で通さなくちゃいけないものすら通せないわけでしょう。それは……、民主党は与党になっているのに、なんで、緊急のものすら通せないのかというのを、私見ていて、なんていう政党だとやっぱり思いましたね。
**佐藤**　まあ、そうですね。あのときの菅政権の混乱というのはすごかったですね。
**外岡**　やっぱり、イフはもう、言っても詮無《せんな》いことですけれども、もし、自民党政権の時にあの原発事故が起きていたら、おそらく日本の進路って本当に変わっていたと思うんですよ。あの原発事故によって、逆にいうと、なんというか、民主党の責任のような形になって、その後の原発再稼働になっていくわけでしょう。それを見ると、本当に、まあ、現実に起きたこと以外を考えてもしようがないわけですけど、歴史とか運命の皮肉みたいなものだなと思うんですよね。

## 民主党政権の成果

**佐藤**　さきほど山口さんがおっしゃったように、原子力政策というものは非常に重要な問題なんですよね。安倍政権は原発再稼働をして、ベースロード電源◉として原発を維持していく政策を打ち出しています。3・11のあとにそういう政策を打ち出すというのは信じ難いところがあるわけですけれども、例えば核燃料サイクル◉の問題であるとか、非常に重要な問題が、政治的な議論の土俵に上がらないままになっている。そういう非常に不幸な状態にあるのが、今の日本の政治状況なんですね。

**自民党政権の時にあの原発事故が起きていたら、おそらく日本の進路って本当に変わっていたと思う――外岡**

**◉ベースロード電源**
2014年4月、安倍内閣はエネルギー基本計画を閣議決定。原子力発電を「重要なベースロード電源」と位置づけ、原発の再稼働を進める方針を決定した。

**◉核燃料サイクル**
原発で燃やした使用済み核燃料を再処理して、燃え残りのウランとプルトニウムを取り出し、新しい燃料に加工してリサイクルするシステム。サイクルの基幹施設である高速増殖炉もんじゅの廃炉が問題となっており、再処理工場も1993年の建設着工以来、まだ完成していない。

**山口**　そうですね。だからこそ、やっぱり政権交代というのはそういう岩のように動かないものを動かすために起こすわけで、それ自身が目的じゃないわけですからね。そこのところがやっぱり、今度の立憲民主党を中心とする新しい野党が、少数でいいから、本当に変えるべきテーマを見つけて、それについての構想を示すべきだと思うんですよ。
**外岡**　鳩山さんが在沖米軍基地について、「最低でも県外へ」という発言をしたことで、結局、それ、なんの腹案もなく発言をしていることが分かって、もう、皆から本当に呆れられましたけど、沖縄では結構評価は高いんですよ。
**山口**　そうですね。
**外岡**　なぜその評価が高いのかというのを突き詰めていくと、今までは自民党政権だからこういう政策をとっているんだと思っていた、と。しかし、政権交代で、民主党政権になったらやっぱり動かないんだ、と。これは「差別」だというふうになったわけですよ。それは反面教師としての教訓なんですけど、ある意味でいうと、なぜこれが動かないのかというのは、政権交代をやってみないと分からないところがあった。原発もそうなんですけど、やっぱり、そういう意味で野党が対案を持っていて、有権者がそこに可能性を託すというのも、すごく大事なことで……。
**山口**　それが民主政治なんですよね。

外岡　ですよね。だから、逆にいうと、それがない長期政権はやっぱり、民主主義として異常というか、異例ですよね。
山口　そういう長期政権のひずみというのは相当、溜まっているわけだから、まぁ、そろそろ代わる条件は熟してはきているとは思うんですけども。まぁ、なんだろう、民主党政権は失敗だという形で否定して、否定的なイメージを貼りつけて、それによって安倍政治を肯定するという論法を、そろそろやっぱりやめさせないと。そういう意味では、やっぱり民主党、民進党が一回壊れるというのは、必要なステップでしょうね。
外岡　もちろん、民主党政権のときに、成果もきちんとあったと思います。日米安保条約にまつわる密約問題◉を表に出したというのが、成果の筆頭だと思います。あれは自民党政権ではできなかったことなので、とても大きな意味がある。自分たちに不利な情報を公開するというのは、やっぱり政権与党のときにはなかなかできない。野党が与党になって、初めてできることですね。だから、そういう点では、政

民主党政権は失敗だという形で否定して、否定的なイメージを貼りつけて、それによって安倍政治を肯定するという論法をそろそろやめさせないと――山口

**◉日米安保条約にまつわる密約問題**
⑴安保条約改定時の核持ち込み、⑵朝鮮半島有事の際の戦闘作戦行動、⑶沖縄返還時の有事の際の核持ち込み、および⑷原状回復補償費の肩代わり、などをめぐって、日米間で密約があったとされる問題。鳩山内閣の岡田克也外務大臣の指示により、2009年9月からおよそ半年間、外務省の内部調査チームおよび有識者委員会による調査・検証作業が行われた。
外務省の調査チームは、⑵についてのみ密約があったと認定。これに対し有識者委員会は、⑴や⑷についても広義の密約があったと

権交代に大きな意味があるのかなという気がします。
**佐藤**　当然、そうですよね。あの密約が岡田外相のもとでかなり明らかになりましたよね。その問題もありました。
それから一番最初に、国家予算から見れば小さい額でしたけれども、生活保護の母子加算の復活問題◉があったりしましたね。そういうものは当初の政策ではあったんだけども、そのうちに、官僚政治に取り込まれて、自民党のような従来の政治に戻ってしまいました。という経緯が、民主党政権のあっという間の運命でしたね。一番最初の２０１０年度の予算編成のところで妥協してしまったことが、あとあとまで祟ってしまいましたね。政権構想を練り、考えをすりあわせ、恥もかきながら苦労して越年編成する労苦を惜しんだことが、あっという間の崩壊につながりました。
**外岡**　あまり知られていないんですけど、情報公開の点でいうと、２０１０年の11月末に、11月29日ですけれども、前原さんが外務省に指示を命じて核問題についての情報を公開させた◉んですよ。それ、未だに見られるんですけど。外務省のホームページに載っていますから。その中で、これ、10月3日にＮＨＫが「〝核〟を求めた日本」という題の番組を放映してね、それを見た前原さんが、翌日になって、こういう資料はあるのか、と質問した。

判断、⑶については必ずしも密約とは言えないと結論づけた。

**◉生活保護の母子加算の復活問題**
生活保護を受けるひとり親家庭に対して月額約２万３０００円（都市部の場合）を支給する制度。以前の自民党政権時代に削られ、民主党政権で復活したが、安倍政権は再び部分的な削減を検討している。

**◉前原さんが外務省に命じて…**
２０１０年10月３日に放映されたＮＨＫスペシャル「〝核〟を求めた日本」によれば、１９６９年、日本と西独が箱根で「日本と西

なぜこうした問題が起きたのか、背景があります。核不拡散条約（NPT）を締結する前に、日本ではかなり切実な問題を抱えた。それは、日本が「核クラブ」に入らないとして、第三国が核によって日本を威嚇するケースです。そうした脅威に対して、アメリカが日本を守ろうとしない場合に、どうしたらよいのか。その問題が、当時の外務省では切実な問題として浮かび上がった。その時期に日本は西ドイツと接近して、核政策を検討するかどうかの感触を探った。NHKの番組は、その経過を探ったものでした。

ところが、前原さんの指示で公表された文書を見ていると、驚くべきことに当時の外務省の非公開記録が、ずらっと並んでいるんですよ。その書類を見ていると、69年頃には「核兵器製造の経済的、技術的のポテンシャルは常に保持するとともに成長する、それに対する掣肘《せいちゅう》（妨げること）を受けないようにする」というのが外務省の政策になった。そのときに、外務省内では何度も会合を重ね、「日本はあと何年あれば、原爆が作れるのか」という議論もしている。そうした質問に対して、外

## 前原さんが外務省に公開を指示した機密文書で、核燃サイクルは安全保障と密接に結びついていることがわかった——外岡

独との間の秘密会議」を開催した際、日本側出席者（団長：鈴木孝外務省国際資料部長）が、「10年から15年のうちに、（日本として）核保有を検討せざるを得ない『非常事態』が起こると考えている。中国が核を持つことをアメリカが認めたり、インドが核保有国となるような事態だ」「日本は核弾頭を作るための核物質を抽出することができる」などといった発言をしたとされる。

外務省は前原誠司外務大臣の指示により、事実の有無を調査した。結果は、番組で報道されたような発言は確認できなかったが、部分的に符合する箇所

務省の国連担当の科学課長が「いや、それは日本が核燃サイクルをやっていれば、同じ技術ですからできるようになります、できるんです」と答える。その資料が、そのままサイトに出ているんですね。だから、さっきの話に戻ると、核燃サイクルは安全保障とものすごく密接に結びついているというのが、前原さんが公開を指示した機密文書の趣旨だということでしょう。

これだって、たぶん、自民党長期政権だったら出てこない文書だったろうと思うんです。けれど、それについては問題、本格的な議論というのは、その後も行われないままここにきてしまっているなという気がします。

## なぜ核燃サイクルを放棄できないのか

**佐藤**　そうですね。なぜ日本が核燃サイクルにここまで固執しているのかという問題があるんですね。つまり、高速増殖炉もんじゅ◉について、「あれはもう、止めます」という方針が決まったわけですね。しかしそれにもかかわらず、核燃サイクルをやる、ということになっているわけです。もんじゅがなくなるわけだから、その代わりとして、今唯一手段となっているのは、ＭＯＸ燃料なんですね。ウランとプルトニウムの混合燃料で、それをサイクルして回していくということで再処理工場もそ

もあり、可能性を完全に否定はできない、というものだった。

その調査報告書は以下のサイトで読める。

www.mofa.go.jp/mofaj/gaiko/kaku_hokoku/pdfs/kaku_hokoku00.pdf

**◉高速増殖炉もんじゅ**
ＭＯＸ燃料（プルトニウム・ウラン混合酸化物）を使用し、消費した量以上の燃料を生み出すことのできる高速増殖炉の実用化のための原型炉。福井県敦賀市にあり、日本原子力研究開発機構が運営しているが、度重なる事故などにより、２０１６年12月21日に廃炉が正式決定された。

のままにしておくということなんだけれども、そのMOX燃料というのは非常に高いんですね。作るのに金がかかる。ウランとプルトニウムの混合ですから、非常に高い。ですので、経済的には無理なんです。それでも続ける。なぜなのか、というのが非常な疑問なんですけれども、これは簡単にいえば、再処理工場をずっと持っていたいんですね。

どういうことかと言いますと、1967年、佐藤栄作首相とジョンソン米大統領が話し合ったときに、佐藤栄作は、日本も核を持ちたい、というふうに要請したんですね。外岡さんも著作の中で触れられているところがあったかと思いますけれども、それに対してジョンソンは、「それは無理だ」ということで、代わりに再処理工場をやったらどうだ、ということになった。つまり、世界の中で核保有を公式に認められている5カ国以外では、日本だけが再処理工場を認められているんですね。

## なぜ日本が核燃サイクルにここまで固執しているのかという問題がある――佐藤

Sato Akira

なぜ再処理工場を持つと核政策上有利かというと、プルトニウムを取り出して、それでプルトニウム型爆弾を作れるんですね。つまり、日本は核保有の潜在能力を持っているということで、なぜ日本は核燃サイクルを手放さないのか、という問いへの一つの答えの可能性が出てくるわけです。経済的な帳尻が合わないにもかかわらず、いまだに再処理工場を持ち、核燃サイクルを手放したがらないのは、潜在的な核保有能力を失いたくないからだ、ということですね。

**外岡**　それは、ＩＡＥＡだけじゃなくて、アメリカも、日本があまりに多くのプルトニウムを溜めていることを懸念しています。なぜかというと、核の拡散ですよ。つまり、プルトニウムがテロリストとか、あるいは第三勢力に渡った場合にどうするのかという問題が、常に付きまとう。

日本にとって核燃サイクルを放棄できないのは、それとは別の理由もある。高濃度放射性廃棄物の最終処理の手段が見つかっていない上に、「もんじゅ」も駄目、六ヶ所村も駄目、というふうに今、核燃サイクルは破綻しています。しかし、それを認めると、今ある使用済み核燃料をどうするのか、答えを出さねばならなくなる。六ヶ所村や原発立地の自治体を説得するためには、「核燃サイクルをいずれ動かすからこれは廃棄物でなく、原料なんですよ」と言い続けるしかないという事情でしょう。だから、要するに、先延ばしのための口実として、「もんじゅは廃炉にするが、核

**◉佐藤栄作**
１９０１〜75年。64年11月から72年7月まで首相。首相時代に打ち出した非核三原則が評価されてノーベル平和賞を受賞したが、沖縄への核持ち込みの密約も米側と交わしており、核政策にはむしろ積極的だった。

**◉ジョンソン**
１９０８〜73年。63年のケネディ米大統領暗殺後、副大統領から大統領に。

燃サイクルの実現はあきらめない」という理屈をいま持ち出しているわけなのでしょう。
**山口**　うん、戦争を止めない昔の軍隊と同じですよね。
**佐藤**　おっしゃることは全くその通りです。もう一つ、経済的にいいますと、使用済み燃料をサイクルで回すわけですから、使用済み燃料というのは、バランスシート上、資産の部に入るんですね。
**外岡**　うん、うん、そうですね。
**佐藤**　つまり、売れるわけです。原料だから資産です。ところが、サイクルがなくなっちゃうと、とたんに、ゴミになっちゃうんですね。負債のほうに移ることになってしまって、十数兆円あると言われているこの使用済み燃料のために、日本の電力会社はほとんど倒産状態になってしまうんですよ。
**外岡**　ああ、再稼働と一緒ですよ、理屈はね。
**佐藤**　ですので、本当に国民的な政治課題に取り組む政権があったとしたらの話で

## 日本が再処理工場を持ち、核燃サイクルを手放したがらないのは、潜在的な核保有能力を失いたくないから――佐藤

すけれど、真っ先に取り組むべきは、この核燃サイクル問題なんですよね。
**外岡**　ああ、そうですね。
**佐藤**　使用済み燃料をどうするか、福島の3・11の時のまさに4号機◉の使用済み燃料が非常に危ない状態になりましたよね。あれがもし、バラバラと崩れていたら、2号機の格納容器破壊と同じように、関東圏3000万人の避難移住も考えなければならなかったでしょう。それぐらい、極めて厳しい問題だった。それが全国に50以上あって、それが今、満杯状態なんです。ほぼね。それをどうするんだ、これが本当の日本の問題なのに、政治はそれに取り組まないし、政治家で本格的に議論している人はいるんだろうか。これは本当に深刻な問題なんですね。
**山口**　まぁ、民主党政権のときに、少しは議論をやったのですね。
**佐藤**　そうですか。
**山口**　ただ、圧倒的な既得権の壁にぶつかって沙汰止みになっちゃった。
**外岡**　それから、組合の問題もありますよね。
**山口**　組合の問題なんて大したこと、ないですよ。それはもう、雇用を守るために、こういう新しい発電システムで働くことができるといったら、エネルギー政策の転換の議論は進むと思います。
**外岡**　でも電力会社の人たちはどうですかね。

**◉4号機**
4号機は定期点検中で燃料は装荷されていなかったが、水素爆発によって使用済み燃料プールがむき出し状態となった。冷却水喪失によるプールの過熱や、プール自体の崩壊が恐れられた。

**山口**　いや、それはいろいろでしょう。あくまでもしがみつく人もいれば、これはもたないと思っている人もいるでしょう。おっしゃるように経営的にもう成り立たないから。
**外岡**　枝野さんは原発事故の時、あれだけ頑張って取り組んで、なんとか被害拡大を抑えている、その印象が強いから、今回だって、「一日でも早く」ということになったわけですけど、まあ、すぐにこの問題に、本当に手を付けられるのかどうか。
**山口**　既得権やしがらみの極致ですよね、原発というのは。問題はこうだ、ということをまず情報公開をして、じゃあ、どう変えるかとある程度道筋をつくるのが政治の仕事だと思うので。だから、これからそういう議論を本当にすべきですよね。野党をくっつけてどうのこうのみたいな話は、あとからついてくるんで。
**佐藤**　おっしゃる通りですね。まさに原発の問題、核燃サイクルの問題、これは現代日本にとって非常に危機的な状況ですので本当に話し合わないといけないですよね。それから憲法の問題もそうです。そういう意味でいえば、消費税とか社会保障

## 本当に国民的な政治課題に取り組む政権が真っ先に取り組むべきは、核燃サイクル問題――佐藤

の問題、日本の財政の問題など重要な問題ばかりです。

## 立憲民主党の課題

**外岡**　安倍政権って、ほとんど野党が新たな提案をしたら、そのまま丸呑みをして、ここまでやってきているわけですけど、やっぱり、少子高齢化について自公に対するきちんとした対抗軸というか、それをやっぱり野党の方も作る必要があると思うんです。つまり、自民党に簡単に持っていかれないような抜本的な政策というか。つまり、自民党とはどこが違う、自民党にできない我々の解決策というのはこれだ、という、そこがきっとあるはずなんですよね。だからそれをなんとか立て直してほしい、というふうに野党に対して思うんですけど。
**山口**　それは佐藤さんが言った予算編成権力をきちんと掌握できるかどうかということと重なってきて。そうすれば保育所を増やすとかそんな話っていうのは政治の意志があればできることなんですよ。20数年ずっと言われ続けて何もできていない。それはだから、やっぱり、意志ですね。
**佐藤**　だから、まさにその予算編成権ですね、国家の真の最重要問題、その政策をどうするかというそこのところで、なんでこんなに時間があるのに……。

**山口**　まあ、何か本当に時間を無駄使いしてきたと思いますよね。まあ、今言ってもしようがないんで。じゃあ、これからともかく、可及的すみやかにという話になるんですけれど。今の立憲民主では、数も少ないし、人材も足りないし。そういう意味でやっぱり有能な野党を作るということは急務なんですけどね。
**佐藤**　そのあたりは、例えば立憲民主党でも、スタッフ機能を充実させたり勉強を積み重ねたりする努力が必要なのではないですか。
**山口**　そうですね。
**佐藤**　そういう政策を練りに練っていかなければならないんじゃないかと思いますけどね。
**外岡**　それは、あれだけ政党交付金◉とか、助成金をもらってそういう、なんか、スタッフ……。
**山口**　あれだけ、貯め込んでね、何に使うのか。
**外岡**　そういうのを、例えば政策作りの足掛かりにするとかね、

**予算編成権を掌握できれば、保育所を増やすとかそんな話は政治の意志があればできること――山口**

**◉政党交付金**
政党助成法に基づき政党に交付される金。政党助成金。⑴国会議員が5人以上所属、⑵国会議員が所属し直近の国政選挙における全国得票率が2％以上、のいずれかの要件を満たす政党に与えられる。
2016年分の政党交付金は総額およそ319億円で、最も多い自民党が172億円、続く民進党が97億円となっている。制度自体に反対している日本共産党は、政党交付金を受領していない。

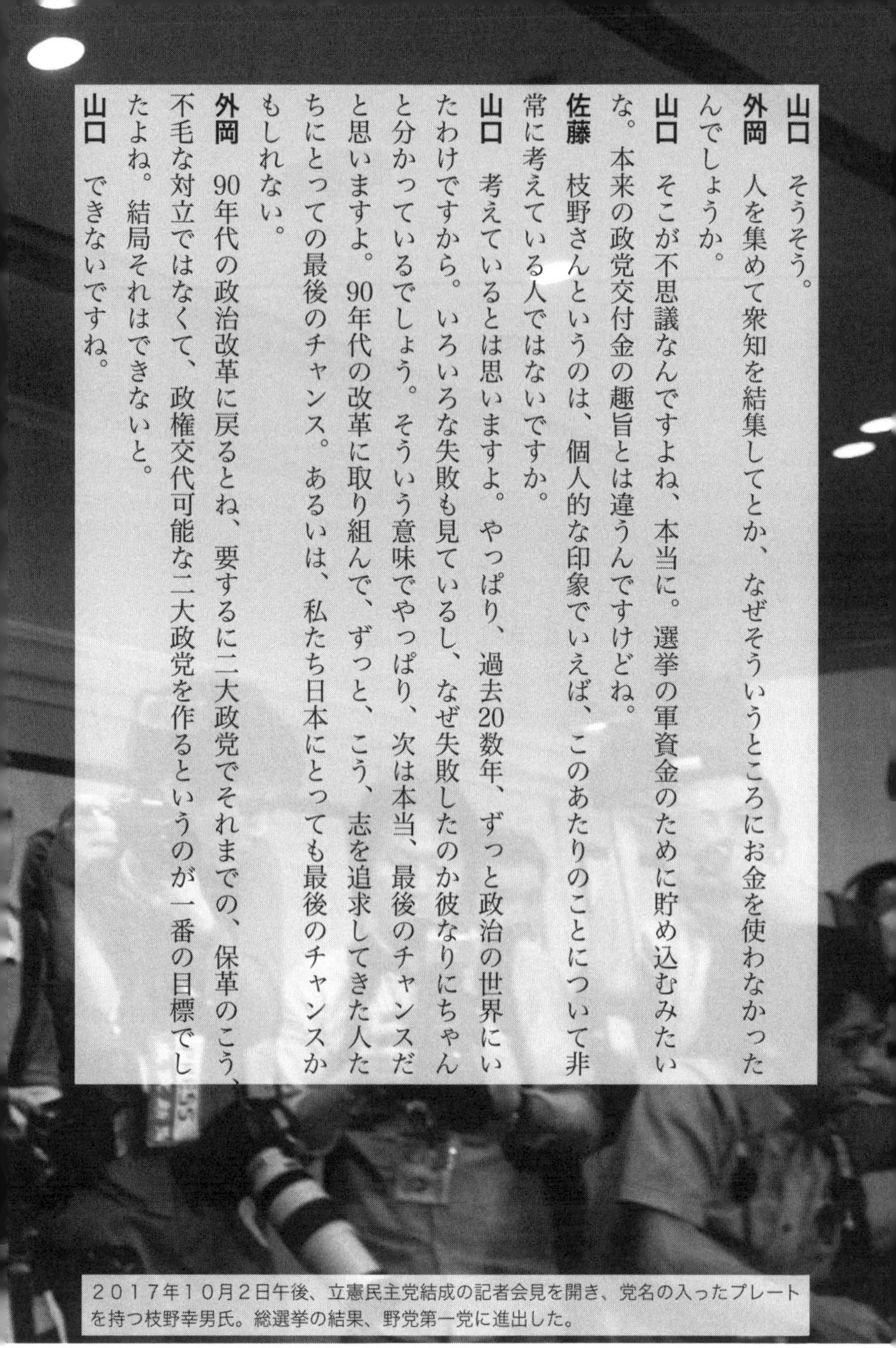

**山口**　そうそう。
**外岡**　人を集めて衆知を結集してとか、なぜそういうところにお金を使わなかったんでしょうか。
**山口**　そこが不思議なんですよね、本当に。選挙の軍資金のために貯め込むみたいな。本来の政党交付金の趣旨とは違うんですけどね。
**佐藤**　枝野さんというのは、個人的な印象でいえば、このあたりのことについて非常に考えている人ではないですか。
**山口**　考えているとは思いますよ。やっぱり、過去20数年、ずっと政治の世界にいたわけですから。いろいろな失敗も見ているし、なぜ失敗したのか彼なりにちゃんと分かっているでしょう。そういう意味でやっぱり、次は本当、最後のチャンスだと思いますよ。90年代の改革に取り組んで、ずっと、こう、志を追求してきた人たちにとっての最後のチャンス。あるいは、私たち日本にとっても最後のチャンスかもしれない。
**外岡**　90年代の政治改革に戻るとね、要するに二大政党でそれまでの、保革のこう、不毛な対立ではなくて、政権交代可能な二大政党を作るというのが一番の目標でしたよね。結局それはできないと。
**山口**　できないですね。

2017年10月2日午後、立憲民主党結成の記者会見を開き、党名の入ったプレートを持つ枝野幸男氏。総選挙の結果、野党第一党に進出した。

次は本当、90年代の改革に取り組んできた人たちにとっての最後のチャンス。あるいは、私たち日本にとっても最後のチャンスかもしれない——山口

外岡　という結論に。
山口　とりあえず。
外岡　とりあえず、そうなったわけですね。じゃあ、これからの道としては政権交代可能なもう一つの政党を作るのをやめて、他の道を探るということ……。
山口　いや、だから単独で政権をとる大きな野党を作るというのは無理でしょう。とにかく政権の軸になる政党はもちろん、なきゃいけない。
佐藤　その意味で立憲民主党は政治の軸になりうる政党だと思うんですよね。考え方もはっきりとしているし、リベラルという意味での軸はあると思います。
外岡　多分、「立憲主義」と「リベラリズム」が本当に名実ともに一致したという、初めての例かもしれないですね。
佐藤　そうですね。
山口　そこは政治路線として間違いないと思うんですけど、実体的な経済政策、財政政策となるとやっぱり、まだまだ、難題はいっぱいある。ちょっと時間がかかりますね。やっぱり、そこに外部からもこの政党に自分の思いを託して一緒にやっていこうみたいな人、人材を結集する努力をしなければいけないですよ。
佐藤　ですので、例えば、枝野さんなんか、まさに民主党時代の失敗を知っているわけですから。どこまで知っているかどうか、ちょっと分からないところがあるけれども、政権構想を練っておかないと、次がないということになります。
**山口**　そうですね。
**佐藤**　あの失敗を繰り返さないという思いがあれば、まさにスタッフを集め、政策を練って、政権構想に仕立てていく。そういう努力をしないといけないですよね。
**山口**　これからそういう体制を作りたいなあと思ってはいるんですが、まぁ、頑張ります、としか言いようがないね。今の段階で。
**外岡**　民主もそうなんですけど、バラ色の社会像って、もう誰も期待していないと思うんですよ。
**山口**　アハハ。
**外岡**　だから全てにおいて満足できるような理想像みたいなものは、もうある意味でいらないわけで。我々ができる範囲内で、こういう解決をすると、だけどそれは今までの自民党とは違うんだというそこの部分で、現実的な政策を出してほしいということなんですよね。やっぱり、選ばれる条件というか、それが現実的な選択肢

**立憲民主党は、「立憲主義」と「リベラリズム」が名実ともに一致した初めての例かもしれない——外岡**

ということじゃないかという気がするんですよね。

## 必要性があいまいな改憲論

**佐藤**　その憲法の絡みでいえば、枝野さんの言っている改憲というのは考え方がよく分かるんですね。彼が言っているのは解散権◉について、簡単に恣意的に解散ができないようにしたらどうかということですね、それは正しいと思います。

一番最初、冒頭で申し上げたように、安倍さんの解散というのは、党利党略丸出しですよね。憲法の通説である、何か重大な法案があって、それが衆院を通らなかったときに解散して国民の信を問うとか、そういうものがまるでない。

今回も、私の考えでは、完全な違憲だと思うんですね。まず、消費税の使い道を変えるということだけれども、その発言をしたときに、野党第一党の代表であった前原さんはほとんど同じことを言っています。ということであれば、争点になり得ない。争点になり得なければ、国民に訴える意味がないんですよね。これは、国会を開いて、そして法案を作ることに努力をすべき話です。つまり解散の意味、大義がないですね。これは憲法のいろいろの教科書で、どの学者も言っていることで、まさに解散の意味がない。この解散は党利党略以外の何物でもないわけだから、や

**◉解散権**
衆院において内閣不信任案が可決されるか内閣信任案が否決された場合、憲法69条に基づいて内閣は衆院を解散することができる。憲法7条では、天皇の国事行為のひとつとして、内閣の助言と承認により衆院を解散することができる。実際には7条解散がほとんどのため、首相が解散権を握る由縁とされる。

るべきではない。これはやはり憲法違反だと思います。69条◉の趣旨からしても、その内閣にとってよほど大変なことが起こらない限り解散に訴えるべきではない、ということは分かりますよね。そういう意味でも、やはり違憲の疑いが濃厚です。

安倍政権というのはこの解散問題に限らず、先ほどの53条◉の問題にしても、先ほど申し上げた憲法尊重擁護義務の問題にしてもですね、憲法を非常にないがしろにする政権、首相ですね。そういう政権党、そういう党総裁が憲法改正を言い始めるのは、非常に矛盾したおかしいことであると思いますね。

**外岡** おっしゃることはその通りだと思うんですけど、だけど解散権を制限するという理由で憲法改正が必要だ、というふうに議論を立てると、じゃあ、改憲の中でそれも考慮するという形になって、あれも変える、これも変えるみたいな議論に埋没しないのかな、とちょっと気になりますね。やっぱり、本当に憲法で書き込まなくてはいけないのか、憲法を変えなくちゃいけないのか、あるいは法律ですむのか、というそこの線引きをきちんとしておかないと、なんでもかんでも憲法改正という

**この解散は党利党略以外の何物でもない。これはやはり憲法違反——佐藤**

◉69条
「内閣は、衆議院で不信任の決議案を可決し、又は信任の決議案を否決したときは、十日以内に衆議院が解散されない限り、総辞職をしなければならない。」

◉53条
「内閣は、国会の臨時会の召集を決定することができる。いづれかの議院の総議員の四分の一以上の要求があれば、内閣は、その召集を決定しなければならない。」

話に持って行かれちゃうような危うさを、やっぱり感じるんです。ほとんどの分野は法律で解決をする、解決がつくものが多いわけですからね。
**佐藤**　だから、この辺をカール・シュミット◉が『憲法論』の中で言っていますけど、憲法の中には憲法の精神的なものと法律的なところがあって、変えられるのは法律的なところだけだということなんですね。それは、憲法学の常識だと思います。日本国憲法の柱というのは平和主義、基本的人権ですよね。そういうところを変えられないというのは当然なことであって、集団的自衛権はこれはもう、平和主義を取り崩すものですから、憲法学からいったらとんでもない話です。
**山口**　だから、立憲民主は改憲論に加わらないとなんか怠慢である、みたいな呪縛をやっぱり、解かなきゃ駄目ですよ、変える必要がないんだから、議論しないという態度も必要ですよ。
**外岡**　それとやっぱり「憲法の何を守らなくちゃいけないのか」というのをはっきりさせることですね。一字一句変えるな、というだけじゃ、そういう「完璧なんだからなんで変えるんだ」、みたいな話ではやっぱり駄目で、だけど憲法はこういう成り立ちでできて、我々はこの精神は必ず守る、これは憲法原理であり、どんなことを、どんな政治権力が出てきてもここは譲れないんだ、というところをはっきりさせることです。そこの部分があれば、私は、有権者の支持も揺るがない

**◉カール・シュミット**

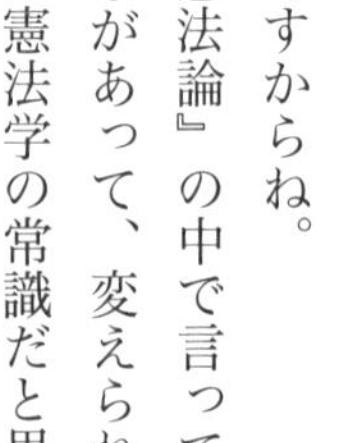

1888～1985年。ドイツの法学者、政治学者、思想家。ワイマール憲法を検討、分析した『憲法論』は戦後の憲法学に強い影響を与えた。

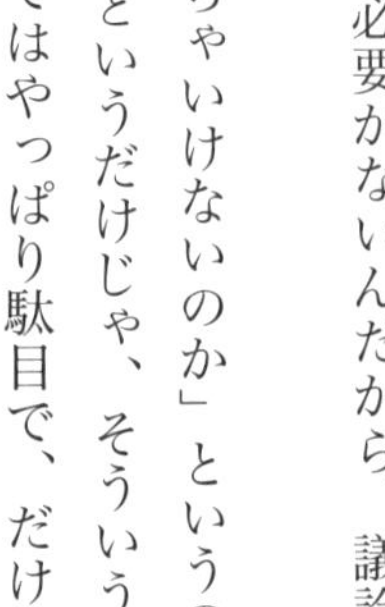

と思いますよ。そこを大事にしたいと思っている人は、相当やっぱり数多くいると思いますから。

**佐藤**　ですから日本国憲法の三大柱、これは変えることはできないですよね。先ほど申し上げたように、シュミットの議論では、例えば民主国家において、明日から共産主義国家になります、なんて憲法を変えることは、どんなに多数があってもできないわけです。その時、理論的には革命が必要なんですが、それはできない。変えられるのは法律的な部分で、例えば憲法54条◉にあるように、衆議院が解散されたときは、解散の日から40日以内に衆議院での総選挙を行い、とあるところを、40日以内というのが長すぎたら30日以内に変えたらどうだとか、法律的なところでしか変えることができないんですよね。それが憲法というものの原則であって、そこのところは憲法論の非常に基本的な構造なんですよね。安倍政権は今、その基本的な構造を変えようとしているわけで、とんでもない話になるわけです。

そしてさらに遡《さかのぼ》れば、自民党の改憲草案を読むと、そもそも憲法というものを学

**立憲民主は改憲論に加わらないと怠慢、みたいな呪縛を解かなきゃ駄目。変える必要がないんだから、議論しないという態度も必要——山口**

**◉54条**
「衆議院が解散されたときは、解散の日から四十日以内に、衆議院議員の総選挙を行ひ、その選挙の日から三十日以内に、国会を召集しなければならない。
衆議院が解散されたときは、参議院は、同時に閉会となる。但し、内閣は、国に緊急の必要があるときは、参議院の緊急集会を求めることができる。
前項但書の緊急集会において採られた措置は、臨時のものであつて、次の国会開会の後十日以内に、衆議院の同意がない場合には、その効力を失ふ。」

んだことがあるのかなという、そのレベルの話になってしまうのですね。だから、自民党を見ると、政治家の能力というものが非常に劣化しているという気がします。
**外岡**　ただ、カール・シュミットについてもいろいろな捉え方があって、ナチスのイデオロギーに利用されたんじゃないかというふうにも見られるわけですよね。本当の意味で憲法原理は変えられないというのは、ナチスを経験した戦後のドイツがそれを反面教師の原理にしたからなわけです。だから日本だって、当然、それはその憲法原理になるはずなんですよ。その戦前の経験を踏まえればね。だから、そこの原点をやっぱりもう一回掘り下げるというのも、大事だと思うんですけどね。なぜ、ここは譲れないのかというところをね。
**山口**　そうですね。
**外岡**　それは、私、別に保守、革新関係なく、戦後、それこそ山口先生がおっしゃっていた「72年かけて築いてきたもの」ってあるはずですから。その日本国憲法によるアイデンティティとか、そこの部分を我々は大事にする。ある意味で、これは保守ですよね、戦後体制の保守。
**山口**　枝野は保守と言って、まさに、戦後民主主義を保守すると言っていた。理由もなしに壊していいってわけではないですよ。
**外岡**　そういうことですね。

佐藤　ですので、そこのところが本当に今の日本国憲法に集約される、いわゆるリベラリズムの収斂《しゅうれん》点になると思います。
（２０１７年11月9日、東京都内にて）

**「72年かけて築いてきたもの」があるはず。その日本国憲法によるアイデンティティを大事にする。これは保守、戦後体制の保守――外岡**

# 第3章 政権への道

外岡秀俊
*Sotooka Hidetoshi*

与党圧勝に終わった２０１７年総選挙の後も、立憲民主党、希望の党などに四分五裂した野党再編の結集軸は、まだ模索の途上にある。各種世論調査を見ても、安倍晋三政権への支持・不支持率は拮抗しており、圧倒的な信任を受けているとは言い難い。にもかかわらず、この先も当面は与野党逆転が見込めないのは、野党が分裂を繰り返し、低投票率のもとで、現行の小選挙区比例代表並立制が、与党に優位に働くためだ。

しかし、現行の選挙制度の欠陥をあげつらうだけでは、問題は解決しない。事実、09年の民主党による政権交代は、この制度のもとで起きたのだから。「1強多弱」の構図と低投票率は、コインの裏表の関係にあり、このままでは、有権者の関心が薄れるほど、巨大与党の政権が安定する、という危うい逆説が続くだろう。

そもそも民主国家が多党制を前提にしているのは、与党が政策を誤った時に、野党が日頃から代替の選択肢を準備し、有権者が支持政党を変えて政策転換を決断できるようにするためだろう。「政権交代」は目標ではなく、その切磋琢磨の結果に過ぎず、それ自体を目的化すべきではない。問題は、今の「1強」与党による政策の代替案を、野党が準備できるかどうか、その1

点に絞られる。ここでは、20世紀の欧米をテスト・ケースに、野党がなぜ、どのように「政権への道」を歩んだのかを瞥見《べっけん》し、これからの野党再編への参考としたい。

## ドイツ社会民主党

最初に取り上げたいのは、ドイツの社会民主党（SPD）である。

19世紀に生まれた社会主義者労働党の流れを汲む社会民主党は、戦後も西独でマルクス主義的な政党として再起を図った。しかし、1953年、57年総選挙で、コンラート・アデナウアー率いるドイツキリスト教民主同盟（CDU）に大敗を喫したSPDは、1959年11月、今のボン市に位置するバート・ゴーデスベルクで開かれた党大会で歴史的な綱領を採択し、1925年以来掲げてきた綱領を刷新した。これが89年まで使われた「ゴーデスベルク綱領」だ。

この綱領でSPDは、従来のマルクス主義的な立場を脱却し、「労働者階級」の政党から「国民の政党」への刷新を宣言した。具体的には再軍備の必要性を認め、たゆみない富の発展と成長を経済政策の目標に掲げ、男女平等、教育の機会均等化などを求める路線に転換した。その背景には、50年代の経済成長を通し、中間層が増大して階級政党の吸引力が失われたことと、55年に西独が米英仏とパリ協定を結び、NATOの枠組みのもとで再軍備が認められたことがあげられる。すでに「中立」の道は絶たれており、「西側」の一員として生きることを追認する政策転換だった。

しかし、この綱領が過去の労働運動の成果を強調し、引き続き自由・正義・平等、民主主義擁護のために戦うことを再確認していることは、見逃せない。時代に合わなくなったから時流になびくというのではなく、何を捨てるべきかという柔軟さと、譲れない価値観を守る堅忍不抜のゆるぎなさを、同時に示そうとしたのである（全文はドイツの歴史文書・映像を収録する電子アーカイブ「GHDI」参照）。

この思い切った路線転換によって、SPDは中道左派政党として復活し、66年にはCDUとの大連立に参加し、69年以降は自由民主党と組んでウィリー・ブラント、ヘルムート・シュミット政権を成立させた。その後は長くCDUのヘルムート・コール政権のもとで野党に甘んじたが、1989年にはエコロジーを重視する「ベルリン綱領」を採択し、98年には「同盟90・緑の党」と組んで「赤緑連合」と呼ばれるゲアハルト・シュレーダー政権が誕生した。この時期は、後に触れる英国のブレア政権が前年に誕生したこともあって、欧州では中道左派、社会民主主義政権が息を吹き返す転機になった。

## 米民主党改革とクリントン

欧州をいったん離れて、次に注目したいのは、1992年の米大統領選で政権を奪取した民主党の改革である。

80年代の共和党ロナルド・レーガン政権以来、野党に甘んじていた米民主党は、1984年の党大会で中道派が結集し、翌年に「民主党指導者会議」という政策集団を結成した。これは、1968年以来、共和党によってかつての支持基盤を次々に奪われた民主党が、失地回復のための党刷新を図る目的で設けた政策グループだった。

戦後の米民主党は、労働組合や公民権運動団体、マイノリティなどを強固な支持基盤としてきた。しかし、レーガン2期目の選挙では、労組など伝統的な支持層に頼る民主党の戦術が破綻して惨敗を喫し、このままでは政権奪取は難しいと危機感を抱いた中道派の刷新運動だった。

従来の民主党は、フランクリン・ルーズベルトの「ニューディール政策」や、リンドン・ジョンソンの「偉大な社会」構想に代表されるように、連邦政府による財政出動、福祉政策重視の傾向を持っていた。しかし80年代に入って米国の経済は財政赤字、貿易赤字に苦しむようになり、民主党支持層は先細った。

民主党指導者会議は、「進歩的政策研究所」などのシンクタンクを中心にして政策を見直し、競争力回復によって経済を再生するプログラムづくりを進めた。

その議長を務めたビル・クリントンが、やはり中道リベラルのアル・ゴアと組んで挑んだのが、1992年の大統領選だった。この選挙戦でクリントンは、喫緊の課題である経済再生に焦点を絞り、凋落する中間層に改革を訴えた。選挙戦中、陣営が運動で掲げた有名な標語「It's the economy, stupid（いいか、問題は経済なんだ）」は、それまで民主党候補が訴えてきたリベラルな価値観や少数派の権利擁護よりも、経済再生を優先させる狙いがあった。

その結果、クリントンとゴアは大統領選に勝利し、「情報ハイウェイ」構想などによって、衰退する重厚長大の製造業に代わるITや金融などの分野で再び米国を成長の軌道に戻した。

イデオロギーや伝統的な価値観で共和党との違いを際立たせるのではなく、与党も直面する困難な課題に真っ向から挑むという姿勢が、政権奪取の勝因になった例といえる。

## ニュー・レイバー

20世紀と共に歩んできたイギリス労働党は、戦前はラムゼイ・マクドナルドが少数派内閣を組織したに過ぎなかった。第二次大戦終結間際にクレメント・アトリーがチャーチル戦時内閣のあとを襲い、イングランド銀行や鉄鋼業の国有化、国民保健サービス(NHS)など、「揺り籠から墓場まで」のスローガンに代表される福祉国家への道を目指すことになった。この路線は60〜70年代のハロルド・ウィルソン政権の下でも踏襲されたが、基幹産業の国有化による財政支出の増大や組合ストの頻発によって、「英国病」と呼ばれる沈滞の時期を迎えることにもなった。

78年から79年にかけて、英国社会は「不満の冬」と呼ばれる臨界に達し、ジェームズ・キャラハン労働党政権に代わって、保守党のマーガレット・サッチャー政権が生まれた。保守党政権は、構造改革や規制緩和、基幹産業の民営化に大ナタを振るい、今に続く新自由主義路線によって経済を復調させた。労働組合を支持基盤とする労働党は、その後16年間、政権から遠ざかることになる。

「ニュー・レイバー」の旗手となるトニー・ブレアが党首に選ばれたのは1994年、冷戦後のことだ。彼は95年、基幹産業国有化の方針をうたった労働党綱領4条を修正し、市場経済擁護の立場を明確にした。さらに95年のマニフェスト「英国のニュー・レイバー、新生活」において、刷新した労働党が、経済活性化と福祉充実を両立させる「第三の道」を目指すことを明確にした。

これは、すでに労働党の重鎮で理論家のアンソニー・クロスランドが1956年の主著『社会主義の将来』で打ち出していた構想だ。しかし、それが現実の政策になるまでには、民営化による労働組合の弱体化や、新自由主義経済、グローバリゼーションによる国民の経済格差の増大という、労働党にとっての試練の時期を経なければならなかった、ということだろう。

97年総選挙で労働党は地滑り的な勝利を勝ち取り、ブレア首相が誕生した。

その際、彼が最も強調したのは、教育改革によって機会の均等を実現し、イギリスの国力を底上げするという理念だった。ブレア首相は03年の強引なイラク戦争参戦によって痛手を負い、不評のうちに盟友かつライバルだったゴードン・ブラウンへの政権移譲を余儀なくされた。だが在任中、北アイルランド紛争の解決、上院改革や地方分権推進などの実績があったことも忘れてはならないだろう。

## 政権奪取の条件

以上、欧米から三つの事例を取り上げ、ざっと振り返ってみた。もちろん、この三例はある時代の一局面に過ぎず、その後も政治は激動に揉まれ続けた。ドイツであれば、シュレーダー政権の後にCDU党首のアンゲラ・メルケルを首班とするSPDや自由民主党などとの連立政権が長く続いた。米国ではは息子のジョージ・ブッシュ共和党政権が2期、バラク・オバマ民主党政権が2期続いたあと、財界人のドナルド・トランプが共和党から出て当選した。英国でも、労働党のブラウン政権の後に首相になった保守党のデービッド・キャメロンが、英国のEU離脱を決めた国民投票の責任を取って辞任し、同じ党のテリーザ・メイに政権の座を譲った。当然ながら、いったん野党に転落した政党は、その雌伏の時代に刷新や改革を図って返り咲いており、水面下では三例と同じ構図が進展していたということだろう。

従ってこの三例はある局面でのテスト・ケースであり、汎用性や普遍性はない。ただ三例を通し、「政権への道」に至るいくつかの一般的な指針を引き出すことはできるかもしれない。

第一は、社会の「改革」を訴えるのではなく、自らの敗因を分析して、まず党を「改革」することだ。三例を通して言えるのは、いずれも長期にわたって野党の座にあり、そのままでは政権に就くことができない、という深い危機感があったことだ。SPDとイギリス労働党は、伝統の「社会主義」という看板を下ろし、綱領を変えて、国民党への脱皮を図った。米民主党も、労組やマイノリティといった支持基盤への依存体質から抜け出て、共和党の支持基盤にまでウィングを広げた。伝統的な支持基盤は重要だが、それのみに依拠して選挙戦を制することはできず、浮動層や対立政党の支持者を引き付けることはできない。党内改革は、当然、伝統的な支持基盤からの反発を買うが、それを恐れていては改革は断行できない。

第二は、与党と自らの違いを、アイデンティティや価値観を軸に差異化せず、政策の対立軸として打ち出すことだ。いくら対立政党を「富裕者優遇」「弱者切り捨て」「既得権者の集まり」と批判しても、それが自らへの投票行動につながるとは限らない。有権者は批判に共感しても、その批判を実行に移す力量が野党にあるのかどうかについて、きわめて醒めた判断を下すからだ。ましてや、批判を現実化するための具体的なプログラムがなければ、批判に耳を傾けることすら期待できない。

第三は、現政権が直面する、あるいは糊塗しようとする問題を、より多くの人が、より切実に感じる優先順位で明確にし、その代替案を提示することだ。それでは少数派の擁護という役割を果たせず、大勢に迎合するだけだ、という批判があるかもしれない。

もちろん、各党には「譲れない一線」があってしかるべきだし、そうでなければ政党の結集軸は失われる。たとえば、「自由」や「平等」、「人権」といった問題では、少数派ほど権利が失われやすく、損なわれがちだ。しかしその擁護は与野党を問わず、最低限、どの政党も堅持しなければならない原則のはずだ。価値軸としては最も重要なのに、それが有権者の目を引くことは少ない。

問題は、「政権」への道において、そうした原則は必要ではあっても十分な条件にはならない、という点だ。「清廉」や「公正」といった道徳律についても同じことが言える。理念や道徳、価値観の優劣を訴えても、それが投票に結びつくことはほとんどないのが現実だろう。

政権与党が現に実施している政策は、理念ではなく、現実のプログラムだ。「理念」や「価値観」は、そのプログラムを批判的に評価する際に欠かせないが、有権者に示すべきなのは、財源を含め、その理念を具体化する現実的な代替プログラムであるはずだ。

低成長期に入った多くの先進諸国では、財源や人的資源も限られ、社会福祉や固定費の伸びで、政策の選択肢は狭まる一方になっている。勢い、内政や経済政策において、与野党間で、まったく異なる政策を打ち出すことは難しくなった。いずれの政党であっても、決定的な打開策が打ち出せないのであれば、行き場を失った有権者が向かうのは二つの道だ。一つは、既存の政党を中道派による「既成勢力」とみなして、イデオロギーや価値観において、左右いずれかに突出する勢力に期待する流れだ。そしてもう一つは、政治そのものに期待せず、投票にも行かない政治不信だ。いずれも代議制民主主義の危機であり、長期的には、与野党を問わず自らの地盤を切り崩す結果につながりかねない。

## 米民主党の低迷

２０１７年に大統領に就任したドナルド・トランプは、民主党候補のヒラリー・クリントンに競り勝ち、バラク・オバマの2期にわたる民主党政権に終わりを告げた。勝因は、過去に大統領選の勝敗を分けた「スイング・ステート」などへの働きかけだけでなく、かつては民主党の支持基盤であった重厚長大産業の集積地、「ラストベルト（錆びついた地帯）」を集中的に攻め、「忘れられた労働者」に「再生」や「復活」を訴えたことだった。

就任早々、常識を欠いたツイッターで物議を醸し、内政外交いずれにおいても安定を欠いた政権は、ロシア疑惑の追及で行き詰まりをみせている。だが、かりにトランプが政権の座から去っても、彼の支持者は残る。彼個人がマスコミや世論からいかに顰蹙を買おうとも、彼を大統領に押し上げた基本的な構図と潮流は揺るがない。

これは、のちに「偉大なコミュニケーター」とうたわれるドナルド・レーガンが大統領に当選した後の報道に似ている。レーガンが俳優出身だったことから、米国だけでなく日本でも、その登場を軽んじ、揶揄する向きがあった。レーガンを登場させた社会的な構図まで掘り下げた分析は、当初はほとんどなかった。

トランプ政権誕生を、草の根レベルで取材してきた朝日新聞の金成隆一記者は、2017年11月16日付朝刊オピニオン面で、米オハイオ州マホニング郡の民主党委員長デビッド・ベトラスの長文インタビューを掲載した。一地方の委員長に過ぎないが、「ラストベルト」の現場を知る人物だけに、その言葉には重みがある。

まず彼は、選挙から1年が経っても民主党は敗北から立ち直れず、前途は悲観的だという。それは民主党が怒りに任せてトランプ批判を繰り返すだけで、真の敗因を分析していないからだ。「批判は（自身への）支持にならない」と彼は断言する。

では、彼が受け止めた「敗因」とは何か。それは自らが基盤としていたブルーカラー労働者の暮らしを、民主党が以前ほど気に掛けなくなったからだ。貿易や経済に関するヒラリー・クリントンの主張に労働者は共感しておらず、多くが民主党から共和党へと移っていった。

では、民主党は今後どうすべきなのか。「仕事の前ではなく、後に（汗を流す）シャワーを浴びる労働者の仕事に価値を認めるべきです」と彼は言う。そしてこう付け加えた。「労働者たちに民主党は『労働者、庶民の党』と伝えてきたが、民主党や反トランプ派からはメディアを通じて（性的少数派の人々が）男性用、女性用どっちのトイレを使うべきか、そんな議論ばかりしているように見えた」

民主党はいつも偏見や差別に抑圧された側に立ち、少数派の権利を擁護してきた。だが夕食の卓上に例えれば、選挙で大切なのはメインの「雇用や賃金」であるべきだ。人口妊娠中絶や性的少数者の権利擁護などの争点は重要だが、選挙ではサイドディッシュに過ぎない。トランプが「今晩のメインは大きなステーキです」と売り込んでいるときに、民主党は「メインはブロッコリー。健康にいい」と言っているように聞こえてしまった、と彼はいう。

現場の実感がこもった痛烈な批判だろう。

このインタビューを長々と紹介したのは、彼の言葉が今のこの国の野党にも重要な示唆を与えてくれると思うからだ。

## 「メイン」は何か

安倍首相は政権に就いた後の4回の国政選挙で、いずれも「経済」や「税金」を前面に打ち出した。13年7月の参院選では「実体経済は間違いなく良くなっている」と言い、14年12月総選挙では「10％消費税先送り」を争点とした。16年7月参院選では「アベノミクスは道半ば。この道をしっかりと力強く前に進んでいく」と主張し、17年10月は「消費税引き上げ分を教育無償化などに振り向ける」と訴えた。

いずれも選挙で大勝後には、「特定秘密保護法」や「安全保障法制」、「共謀罪」などの問題ある法案を、十分な議論を経ないままで次々に成立させたが、選挙戦ではそうした問題を封印するのが常だった。選挙では経済を掲げ、多数を得ればそれを御旗に安全保障や体制強化の法案を押し通す。その繰り返しだった。

憲法や安全保障問題は、間違いなく国の根幹にかかわる大事であり、LGBTやヘイトスピーチ、夫婦別姓といった問題も、人権や自由、平等にかかわる重要問題だ。しかし、与党が「暮らしや経済」を選挙のメインに据え、それ以外の重要問題を避けようとする限り、まずそのメインに対抗する政策が野党になければ、有権者は「政権担当能力」がないとみなして離れていくだろう。アベノミクスの恩恵を感じる人々は間違いなく与党を支持し、安倍政権の狭量かつ強引な政治運営に批判的な人々も、野党それぞれの批判に共鳴はしても、選挙という「食卓」から離れてしまうのではないか。経済や暮らしを正面に据えない姿勢は、多くの有権者に、「私たちに関心がない」とか、「私たちは忘れられている」という距離感をもたらす。それほど、多くの人々の暮らし向きは厳しく、追い詰められているのである。

戦後2番目に長い好景気が続き、円安・株高効果が大きいといっても、利益の多くは企業の内部留保を積み上げるだけで労働者には配分されず、「景気」の実感は庶民にはない。人手不足で雇用が改善されたといっても、非正規が増えているだけで、正規採用の人々も、過酷な労働現場で追い詰められている。「異次元緩和」を続けても「2％物価目標」はまだ遠く、市中に溢れるマネーは「不動産投資」や「銀行カードローン」の貸付に向かうばかりだ。かつて「不動産」と「ノンバンク」に金が向かったバブル期を彷彿させる光景だ。

こうしてアベノミクスの行き詰まりが見えている時期に、野党が何を模索すべきか、答えははっきりしていると私は思う。いかに格差を是正し、「忘れられた人々」に再生の機会をもたらすか。その一方で、産業の競争力をいかに回復し、「持続的な成長」の青写真を描けるか。アベノミクスに欠けるその代替案を示すことが、できるかどうかだ。

安倍首相が唱えるまでもなく、「少子高齢化」は、見えない〝国難〟だろう。かつては「成長」や「トリクルダウン」に対し、「再分配」による好循環で経済を活性化させるプランが説得力を持った時代もあった。しかし、年々社会保障が1兆円ずつ積み上がる「登り坂」の経済で、社会を下支えする新たな成長エンジンは欠かせない。野党が目指すべき成長エンジンは、明らかに、安倍政権が進めようとするカジノや武器輸出ではなく、福祉や教育、医療・介護現場など、ずたずたに寸断されたセーフティ・ネットを補修しながら雇用を生み出す分野、そして大企業だけではなく、中小の企業が最先端の技術革新で結集できる場と制度を作り出すことだろう。

選挙では、こうした与党と対決する「メイン」で勝負してこそ、「立憲」や「脱原発」、さらには「人権」や「少数派」擁護といった価値観の違いが活かされる。かりに政権に参加しなくとも、「結集軸を堅持する政党」として評価が定着するだろう。

「憲法」や「安全保障」、「原発」を結集軸にしようとすれば、それぞれの違いばかりが目について、結果的には与党を利するだけに終わる恐れがある。他の問題では立場が違っても、有権者が一票を投じる切実な問題について、まず歩み寄るべきではないか。

「政権への道」と大上段に構えても、答えはきわめて平凡だ。「庶民が苦しむ現場に帰れ」、「庶民が生きる現場の声に耳を傾けよ」。その響きは凡庸だが、政治家が立ち戻るべき原点は、そこにしかないと思う。

第４章

# 公開対談：メディアと政治、そして市民

**山口二郎**
*Yamaguchi Jiro*
×
**外岡秀俊**
*Sotooka Hidetoshi*

**メディアアンビシャス**
**日本ジャーナリスト会議北海道**
**さっぽろ自由学校『遊』**
**共催**
**公開対談**
2017年8月13日（日）
18：00～20：00
自治労会館3階ホールにて

＊　＊　＊

メディアに対する人々の信頼が揺らいでいる。とりわけ政治をめぐる報道のあり方に人々は不信すら抱いている。読売新聞の前文科省事務次官の行動に関わる報道は、権力によるメディア・コントロールをはしなくも露呈した事例でなかったか。アメリカでトランプ大統領を生み出したのは、既成メディアである新聞・テレビの怠慢では無かったか。権力は「都合のいい事実」だけを切り取って主張の根拠とする。それに「忖度」・迎合しようとする報道。ポスト・トゥルース（脱真実）と言われる社会風潮のなかで、ネットメディアではフェイクニュース（嘘）が容易に拡散する。メディアはこの時代にどう立ち向かおうとしているのか、立ち向かうべきなのか。朝日新聞東京本社の元編集局長外岡秀俊さんと、メディアアンビシャス代表世話人で法政大学教授の山口二郎さんが対談する。（案内文より）

＊　＊　＊

本稿はその時の対談のもようを採録したものである（編集の都合上、質疑応答は一部割愛した）。

**山口二郎（以下、山口）**　まず、7月の東京都議会選挙の後に、政治の動き、とりわけ安倍政権に対するメディアの動きがガラッと変わったという印象があるんですけれど、外岡さんはどうご覧になっていますか。

**外岡秀俊（以下、外岡）**　私もそうだと思います。これまでは安倍政権に対していろいろな批判があったかと思うんですが、支持率があまり変わらず安定していた。選挙になると与党が圧勝するパターンが定着し、それを根拠に、選挙戦では掲げなかった法案を押し通す。それが安倍さん一強のやり方でした。

ところが今回明らかになったのは、きちんとした受け皿さえあれば、民意が確実に動く可能性があるということ、それを証明したと思うんです。これが国政レベルになって、どのくらい地殻変動が起きるかどうかというと、それは分からない。ただ、一つ言えることは、これまで民進党の停滞も手伝って、安倍一強政権が続いてきた。というのは、安倍政権だから強いというよりは、受け皿となるべき野党の弱さによって一強が支えられてきたということが、今回明らかになったのかなと思うんです。

**山口**　政党政治の話は後でまた触れると思いますが、まずあれだけ盤石《ばんじゃく》に見えた安倍一強体制が、なぜ急に動揺して支持率が急速に低下したか。8月初めに内閣改造をやって、ちょっと支持率が好転したという調査があるけれども、基本的には変わってないですよね。なぜ、安倍一強体制がかくも脆《もろ》く崩れようとしているのか。そして脆さについてメディアは、逆風が吹く前になぜちゃんと見抜けなかったのか、みたいなお話を最初に少ししてみたいと思います。

私が6月、共謀罪が通った直後ぐらいのタイミングで民進党のある幹部と昼飯を食いながら、いわば反省会をしました。民進党の言い分としてはけっこう目一杯闘ったというわけです。共謀罪をああいう形で強行採決せざるを得ない状況を作れたということを言って、これはたぶん安倍政権の支持率を下げる要因になると言っていました。

その時に非常に印象に残ったのは、「横綱相撲を取られていたら手も足も出なかったよ」という話です。つまり、加計《かけ》問題、森友問題、共謀罪、非常に多くの問題があり、野党もそれなりにきちんとした追及をし、新聞テレビもそれなりにちゃんとした調査、事実の開示をやっていて、国民もおかしいなと思っていた。それにもかかわらず、問答無用で数の力で押し切るという場面が続いたわけですよね。それで安倍政権がいわば墓穴を掘ったというか、都議選で大敗をしたという結果になった。だから、権力者の慢心というのが権力の終わりを早める、という昔から言われたことが、今回の安倍政権にも当てはまったということを感じましたね。

## ◉現代日本の「凡庸な悪」

**外岡**　いま先生がおっしゃったことは、私も「当たり」だと思います。私はやはりメディアの側が少しずつ変わって、今回の結果にもつながったのかな、と思っているんです。今回の加計問題報道についても、官僚の中で異論が出て、たぶん官僚の側からメディアにリークがあって、メディアがその裏を取って報道する。それが、また野党の追及の材料になる。そういう循環が再び働き始めたのかな、という気がします。
つまり、「一強政治」に対して恐れを持って萎縮していた官僚の中から、「これではかなわない」

とか「これでは国政を曲げてしまう」という批判の声を持った人たちが出てきた。つまり、「忖度《そんたく》」によって決められていた政治運営に対し、内部から疑問を抱き、それを変えようとする動きが出てきた。

**山口**　そうですね。前川（喜平）さんが実名というか、自ら表に立って告発をされたけれども、その背後にかなり沢山の官僚による情報の提供があったわけですよね。私は、大学で行政学という講義をしながら政治の動きを見て、それを講義の時の一つの材料にしました。その時に官僚の問題を、とりわけアイヒマン問題を説明するときに、前川さんと、森友学園疑惑で国有地払い下げについていい加減な答弁をして、その直後に国税庁長官になった佐川（宣寿《のぶひさ》）さんを対比して、アイヒマン問題を説明したわけです。

アイヒマン問題とは何かというと、ナチスのホロコーストに加担して、ユダヤ人を強制収容所に送る鉄道輸送の管理をしていたアイヒマンという中堅官僚が、戦後アルゼンチンに逃げたのですが、イスラエルの秘密警察に捕まって、イスラエルに送られて裁判にかけられた。その時にアイヒマンが有罪かどうかという議論が湧き起こりました。アイヒマンは、自分は命令に従っただけだから無罪だと主張していた。これに対してイスラエルの裁判所は、たとえ命令に従ったにしても、唯々諾々《いいだくだく》と命令に従ったこと自体が罪なんだと、自分自身で考えなかったことが罪なんだという論理で、有罪とした。

その裁判の様子を、ハンナ・アーレントという女性の有名な哲学者が書き残している。『エルサレムのアイヒマン』という書物です。みすず書房から翻訳も出ています。アーレントの本を通して、アイヒマン問題というのは一躍、政治学、哲学あるいは官僚論の中の大きなテーマになりました。

言っては悪いけれど、佐川という人物は、いわばアイヒマンの同類で、自分自身で考えることを放棄して、さらには権力に迎合して、国有地の処分について一切の情報を捨てたと主張する。これに対して前川さんは自分なりに考えて、日本の政治や行政の健全さ、公平さを保つためには、自分のところで情報をきちんと出さなければならない、という個人としての判断があったんだろうと思います。こういうことで、歯車になりきった小役人と、自分の判断、自分で考えることを止めなかった官僚と、こういう対比が非常にくっきりと現れたね、という話を講義ではしたんですね。

**外岡**　アーレントはその本の中で、アイヒマンについて「凡庸な悪」という名言を吐いており、これは人口に膾炙《かいしゃ》しました。それに対して、イスラエル、特にホロコーストの犠牲になったユダヤ人の遺族とか、友人たちから、ものすごい批判を彼女は受けるわけですね。

しかし、今から考えてみると、ホロコーストに関わった人間というのは、ドイツの中堅官僚であり、技術者であり、医師であり、そういうごくふつうの専門家集団も、そのプロセスに深く関わっているわけですね。そういう人たちが、なぜああいうとんでもないことをしでかしたのか、ということを解明するには、彼らを「極悪人」としてただ非難するのではなく、我々と地続きの日常に生きた人々という捉え方をしなくてはいけない。我々だって、いつそういうことをしでかしてしまうかもしれない。ナチスの官僚たちに対する世論の非難には、そういう「日常の陥穽《かんせい》」への気付きや怖れがなかったので、アーレントはあえて、「凡庸な悪」という刺激的な言葉を使ったんじゃないでしょうか。

山口　そうなんですね。何百万人も殺すというのは大きな犯罪で、いま何処《どこ》かの国がやるという可能性はたぶんないとは思います。しかし、組織の中で仕事をしているうちに、法の支配を腐敗させていくような悪事に加担するということは、どこの世界でも起こりうるんだと思います。

あるいは、ちょっと話が飛びますけれども、東芝という会社がいま事実上破綻《はたん》している。これも何人かのアイヒマンが、思考放棄をして、原発ビジネスにどんどんのめり込んでいって、引き返すという判断をしなかったことの結果でしょう。

やっぱり組織が滅ぶときというのは、必ず「凡庸な悪」が主導的役割を演じるということだと思うんですね。それが今の日本では、行政であれ、民間の大企業であれ、同時多発的に起っているという印象がありますよね。

外岡　戦前を振り返ると、敗戦後に当時の高官だった人や旧軍の幹部は、「天皇制の下で我々は命令に従うしかなかった」とか、「上司の命令に従っただけだ」ということを、東京裁判などで弁明の柱にしました。一個人としてどう判断し、その判断の責任をどうとるのかという視点が欠けていたし、そうした個人の責任を問う追及も十分ではなかったように思います。日本は、物事の責任やけじめをはっきりさせず、集団の「連帯責任」の中にあいまいに溶かし込むような体質を、戦後も引きずってしまったのかなという気がするんです。

その点ドイツは、時効も廃止して、今でもナチスの犯罪を独自に追及しているという点で、違っています。もちろんそれは、イスラエルなどホロコーストの生存者や遺族に対して、そうしなければ許されず、戦後の再生もできなかったという事情もあると思うんですが、その結果は、かなり戦後の日独の違いとなって現れているのかな、という気がします。

## ◉メディアコントロールへの反撥

**山口**　メディアの世界でもつい最近まで、「凡庸な悪」がはびこっていたという印象も私にはあるのですけれど、この間のメディアの動きというか、あるいは再活性化というのか、どうご覧になってますか。
**外岡**　この間の第二次安倍政権の流れを見てくると、私は、「中央集権」の動きが強まった印象をもちます。
まず内閣府が巨大になって、いろいろな仕事や政策を、あそこの中枢でやるようになった。官僚の人事権を集中して動かすようになった。それから、自民党内の人事も掌握した。と同時に、様々なメディアを選別し、自らとあわないメディアを政権が批判し、政権を批判する報道に対しては、「中立」であることを求めるようになった。
だからある意味で、政権が「アメ」と「ムチ」を、かなり露骨な形で、メディアに使うようになったという気がします。つまり、意に沿わないメディアを政権が批判したり、あるいは「客観的」な広報をしろ、という言い方でプレッシャーをかけるようになった。
しかし、ここに来て、やはりメディアの中から、「これはおかしい」「われわれが忖度をしてどうする」といった自省の声が出てきて、それを世論が後押しするような流れが生まれつつあるように思います。これは期待感からそう思うのかもしれませんが、実際のところ、そういう感じを持っています。
**山口**　メディアのコントロールに唯々諾々と従っ

ていた時と、今なにが転換のきっかけになったんでしょうか。
**外岡**　それは、今年になってからの国会審議で、森友・加計問題における政府や官僚の答弁が、あまりにひどかった。官僚が政治家のように、「記憶にありません」と連発したり、そもそも残すべき書類を処分してしまったことにしたりした。説明のつかない文書が出てきたときに、NHKや朝日新聞だけでなく、民放テレビのワイドショーなども連日のようにこの問題を取り上げ、繰り返し問題点を指摘するようになった。それまで、遠巻きにして見守ってきた他のメディアも、こうした話題を取り上げざるを得なくなった。そこまで、政府答弁があいまいで、民主主義のタガが外れてしまったことに、視聴者も気づくようになった。
前川さんについても、政権から「あの人は、人格的に問題がある」という情報が流され、人格攻撃をするような風潮がマスコミの一部には、最初ありました。しかし、それが例えば週刊文春が擁護するとか、週刊新潮が疑問を呈するような動きが出て、そうじゃないんだと、実はこれは政府による情報コントロールじゃないかという逆風に変わりましたよね。あのあたりから、少し流れが変わってきたのかなという気がします。先生はどのように。
**山口**　今年の通常国会、最初は森友問題、次は共謀罪と加計問題、今までになく政府にとっての逆風ネタというか、スキャンダルやあるいは重要法案についての誠にお粗末な説明ということで、国会審議で安倍政権がきびしい攻撃を受け、必死で防戦するという受け身の形で展開されていきましたね。おっしゃったようにいろんな記事が出てきて、あるいは共謀罪に関して言えば論理的にいろんな破綻が明らかになって、野党と新聞がそこを追及しました。

しかし、政府側の答弁が一貫して木で鼻をくくった、あるいは野党やその背後にいる国民を端《はな》からバカにしたような、およそ論理とか言葉を大事にするとは思えない、実にふざけた答弁が相次いだ。これは今までの日本の議会政治にない、ひどい状態だったという感じがするんですよね。

それによって、言葉を自らの戦いの武器としているメディアも、そこで少し奮起したのかなという感じがするんですよね。そういう意味で、国会の議論の仕方というのがあまりにもおざなりで、言葉を軽んじる、あるいは国民に説明することを早くから拒否するということをこれだけ度々見せつけられると、安倍政権に対する不信感が強まってくる、という展開だったんだろうと思うんですね。

**外岡**　先生のおっしゃった三点に加えて、南スーダンの国連平和維持活動（ＰＫＯ）に派遣された陸上自衛隊の「日報」問題があります。稲田朋美防衛相をどう処遇するのかというところで、すべて三つの問題に共通するような問題が浮上し、鮮明になった。政権にとって、「不都合な真実」が浮かび上がると、その問題点を明らかにしないまま幕引きを図るという印象がどうしても拭《ぬぐ》えない。ここにきて、「事実を隠そうとしている政権」というイメージが、定着しつつあるのかなという気がするんですね。

**山口**　そうですね。だから冒頭の民進党の幹部の言葉に戻ると、ここは失敗したと思ったらきちっと実態を自ら公表して、謝罪をして、責任者をそれなりに処罰するという対応をしていれば、もっと違った展開もありえたと思いますが、一切合切知らぬ存ぜぬという無責任な対応でした。それから稲田防衛大臣も一切責任を問わないという形で、まさに全部疑惑に蓋をし、責任逃れをしたというところで、ますます国民の怒りや不満を大きくしたという展開になりました。
**外岡**　私は、「一強」の勢力が最も強かった時期の安倍さんであれば、もっと早く稲田さんを辞めさせたのではないかと思うんですね。今回どうしてあそこまで、ズルズルと後退してまで稲田大臣を守り通そうとしたのか。傍《はた》で見ると、あまり納得できない。そうまでして守らないといけない事情があったのでしょうか。
**山口**　政局的な話もよく分からないけど、一応言われているのは、一つは安倍さんが稲田さんを個人的に非常に可愛がっていたということと、なんらかの理由で大臣を一人でもクビにすると、ドミノで次々と大臣を首にせざるを得なくなる。だから稲田さんがもし駄目だったら、金田法務大臣がどういうふうになるか。あるいは他にも失言した大臣がいましたが、そこのところでドミノを防ぐためには、最初から辞めさせないという結論で対応したと言われてますよね。
**外岡**　ちょうど私が東京の編集局長をしていた2006〜07年の頃は、そのまま第一次安倍政権に重なっていたのですが、おっしゃるように、最終的に安倍政権が短命で終わったのは、絆創膏をした大臣がテレビに大写しになったり、ほかにも大臣が辞めたりするなど、「お友達内閣」の欠陥が裏目に出たという印象があった。確かに今回も同じように、稲田さんを辞めさせれば、それをきっかけに「ドミノ」現象が起きることを警戒したのかもしれません。

## ◉内閣府による支配・経産省という腐敗

**山口**　さっきちょっと話が出た内閣府による支

配、権力集中という話、これは森友・加計問題の裏にある問題です。内閣府の実働部隊は経産省から行っている役人ですよね。
私は最近、経産省こそ諸悪の根源であると主張していまして、要するに彼らは、本来のフィールドである産業政策で最近何一つ成功していない、失敗の連続。原発維持だって東芝は潰れるし、半導体関係は企業再建だって全然上手《うま》く行かないし、クールジャパンとかってわけのわかんないスローガンでいろんな所にお金出して、映画の制作にまで政策を広げているけれど、本当に全部金をドブに捨てているわけですね。それも経産省の連中が内閣府に陣取って、いわばコントロールタワーを支配していると。
それでやっていることは、成長戦略に名を借りて、既存の制度に穴を開けて、特区を作るなどの方法で新しい利権の機会を作るということですね。だから本来の産業が健全にイノベーションを起こし、伸びていくという話じゃなくて、従来政府が介入しなかった分野に、無理矢理穴を開けて、誰が参入して金儲けができるかということを差配するというところに、今の経産省の役割がある。これは新しい形の腐敗だと思いますね。
**外岡** そういう傾向というのは、いつ頃から始まったと思います？
**山口** 成長戦略というのは、バブルが弾けて25年、いろんな形で繰り返されてきたのですが、やはり2012年の第二次安倍政権以降になって、例のカジノ、TPPなど、岩盤規制の打破という看板の下で、今言った新しい利権の窓を開けるというような政策が始まった、という印象がありますよね。
**外岡** 高度成長期の日本経済は、まさに「重厚長大」の産業、大企業を中心に護送船団を組むというやり方でした。金融もそうでしょうけれど、通産省が国家戦略を立てて成長産業を引っ張り、業界を育てる一方で、そこからの逸脱を規制するというやり方でした。

ただその方式は、中曽根さんあたりの規制緩和が出てきてから、むしろ規制を緩和するという路線に、権力が舵を切っていった。とはいえ中央官庁は、その緩和においても、自由に裁量権を発揮するという力の源泉は放さなかった。つまり、官僚主導の「緩和」であって、「官」から「民」主導への転換にはならなかった。

**山口**　確かにそうですね。大きな流れで言えば80年代中頃の中曽根政権第二次臨調、民営化の頃から始まったという流れだと思いますね。

加計学園の問題は、獣医学部の新設を安倍さんのお友達がやっている学校法人にいわば独占的に認めるって話。森友学園の話は、国有地をタダ同然で、安倍さんの友達だった人が経営している学校法人に譲るという話。いずれも単なる利権の運用ですよ。獣医学部を作ることが成長戦略なんて、ちょっとおかしいですよ。獣医師は数としては足りているわけですからね。地域的な偏在とかね、公務員の獣医師がいないとかって問題も、それは給料上げるとか、そういうことで対応できるので。

メディアで加計学園の一件で政府のやり方を擁護しているのも、経産省出身の官僚ＯＢの学者や評論家。そこに問題の本質が端的に現れているんですね。

**外岡**　今残っている成長戦略の主なものを見ても、カジノを作るとか、あるいは武器を輸出するとか、原発を輸出するとか、どう見てもそこに、日本のこれからの成長の戦略があるのか、と目を疑うようなものばかりですよね。

**山口**　そうなんですよね。カジノなんかもね、本当に常識で考えればすぐ分かると思うのですが、負ける人から金巻き上げて儲けるというわけですからね。そういう意味で官僚の堕落、政策の貧困が加計学園の一件でも明らかになったということです。

## ◉「規制緩和」「民営化」の実態

**山口**　さっきおっしゃったね、中曽根政権以来の民営化路線とか規制緩和路線というものが、北海道にもすごく悪影響もたらしている。そのことが露呈されたなということも最近感じています。私も普段は東京にいますが、北海道の問題やっぱり気になります。

最近特に気になっているのが、ＪＲ北海道の現状なんですね。はっきり言えば30年前の国鉄分割民営化の帰結であり、分割民営化がもたらした必然的な結果ですよね。全国一円の鉄道というネットワークをいわばぶった切って、首都圏とか東海道新幹線みたいに儲かるところだけ民間会社にして金儲けして、株を公開して、どんどん儲けていくという路線ですよね。

その背後で北海道と四国、九州というのは、基金を積んでその運用利子で赤字補てんという枠組みを一応作ったわけだけれども、今はもう低金利で利子もほとんどない。結局、鉄道会社でありながら鉄道を維持できないという状態です。九州なんかは株を公開しましたけど、結局、本来の鉄道から手を引いて、不動産屋になって金儲けするという話ですよね。だから、これは本当に今の日本の政治の縮図だと私は思います。

鉄道だけではありません。例えば農業も、あるいは私が関係している大学教育、あるいは医療、さらにいえば地方自治体そのものだって、同じような形で、改革という名でどんどん切り捨てられているという問題もあると思います。

一つの国の中には人が密集している所と、北海道みたいに割と人が分散している所がどうしてもあって、そこである程度の全国一律の公共サービスを保とうと思えば、大都市で上がった税金を地方に流すという地方財政の仕組み、かつての国鉄みたいに大都市で儲けて地方に回して全体としてネットワークを維持していくっていうやり方など、何らかの形でお金の移転とか、平準化というのが不可欠になるわけです。

ところが80年代の中曽根行革以降、全国一円のネットワークをどんどんぶった切る、儲かるところを全部ビジネスチャンスにして開放していく、という政策の方向が不可逆的に強くなってきた。北海道の場合は、鉄道がまず一番に犠牲になってきたということです。

同じことは大学でもあるわけで、独立法人になってから国から一律で来る交付金はどんどん減らされて、要するに頑張る所に報いるという理屈で、いろいろな大学が手を上げて、なんか本来の基礎的な教育じゃなくて、カタカナやアルファベットのキャッチフレーズを並べてね、気の利いたプロジェクトをぶち上げて金を取ってくる、というやり方が一般的になった。これにより、本来の研究教育がスカスカになるという流れがあります。

鉄道会社が鉄道から撤退する、大学が研究教育から撤退する。農業だってたぶんこれから、TPPは頓挫《とんざ》したけれども、自由貿易協定が広がっていったら、やっぱり稼げる農業ということで、北海道みたいにデンプンとか小麦とかを作るのではなくて、1個何万円もする果物を作るなど、金儲けにどんどん特化していくということになるでしょう。国民の食料を供給するという本来の役割をどんどん切り捨てていって、儲かる所に人と資本が集中していくみたいな話で、成長戦略につなげようということになるでしょう。

政治とか政府は何のためにあるのかということが、今根本から問われる状況だと思います。だから安倍政治は、そういう広い文脈、あるいは長い歴史的な背景からいえば、まさに本来の政治の役割をどんどん放棄していきながら、かつ全国一元の支え合うネットワークをぶった切りながら、儲かるところだけピックアップするという路線。

もう一つ地方自治体もそうですよね。地方創生とか言っていますが、あれは前の地方創生大臣がいみじくも言ったように、頑張る所にはちゃんと金を出すけれども、頑張らない所はダメだと。まさに一律で分配していた地方交付税みたいなものをどんどん下げて、大学と同じに、なんかキャッチフレーズを出してもっともらしいプロジェクトを打ち出した自治体に金を付けてやるみたいな。そういうことで本来の公共サービスがどんどん劣化していくっていう結果になるわけですね。

**外岡**　最初に規制緩和という言葉が流行《はや》ったというのは、規制だらけでがんじがらめになった今の制度を変えて、もっと新たな分野に対応したり、参入の壁を低くしたりという、そういう期待があったのではないか、と思います。

しかし、私が20数年見てきた印象からいうと、この間の「規制緩和」の実態っていうのは、要するに弱いところ、あるいは儲けられないところを切り捨てて「選択と集中」をしていくという流れだったと思います。

民営化によって過重負担が明るみに出たJR北海道は、その典型でした。政府が存続のために作った「経営安定基金」は、この間の低金利で「焼石に水」の状態ですが、そもそも、これだけ広大な土地を抱え、札幌以外に鉄道の採算がとれる大都市もない北海道に、単独で「民営化」を迫ること自体に無理があった。そろそろ、「民営化」で得たもの、失ったものを、全国レベルで再検証すべき時期が来ているのだと思います。
「民営化」によって、地方にどんなことが起きたのか、「規制緩和」によって、中小企業を含む民間ははたして元気になったのか。それと同時に、この間、「規制緩和」を進めた主役は誰であったのかも、振り返る必要があるでしょう。かつての「規制」を作ったのは官僚なわけですけれど、その官僚が依然として主導権を握って、新たな「規制緩和」を進めるという図式ではなかったか。見ていて非常に皮肉を感じてしまいます。
**山口** マッチポンプみたいなね。
**外岡** そう、そのあたりから疑わないと、安倍政権がいったい今何をしようとしているのか、森友・加計問題などに集約されている問題の本質が見えにくくなるという気がするんです。
**山口** そうですね、まさに加計問題というのは、お友達への優遇っていう、いわゆる依怙《えこ》贔屓《ひいき》の政治だけじゃなくて、規制緩和そのものの、あるいは特区というやり方そのものの問題を掘り下げる必要があると思います。

## ◉前川バッシングの破綻

またメディアの話に戻ると、最近朝日が割と、特に加計問題なんかでも頑張っていろんな特ダネを書いていますし、ＮＨＫの「クローズアップ現代プラス」なんかも面白かったですね。社会部は一所懸命新しいネタを抜いているけど、政治部は一所懸命政府を擁護しようとして、手書きのフリップなんか出して説明するなんてシーンはすごく印象的でしたね。

**外岡**　そうですね。一時期、朝日は元気がなかった印象ですが、このところようやく元気を取り戻してきたような気がします。私もかつて朝日に所属していたのですが、早期退職後の2014年に、皆さんご存知のように、「慰安婦報道」に関する検証記事をきっかけに、かなり広範なバッシングにさらされました。

これは、朝日の対応に問題があったことは事実です。虚言による誤報を訂正しながら、「お詫び」をしなかったこと、その点を批判した池上彰さんのコラム連載を載せなかったことが、最大の誤りだと思います。

ただ、その時期にあふれた朝日批判には、根拠のない誹謗中傷も多かったように思います。朝日は他紙に比べて政権には批判的だと思いますが、それは安倍政権に限ったことではありません。しかし当時は、朝日が「反安倍勢力」のように見なされ、他のメディアからも批判された。

そのことがおそらく、安倍さんのメディアに対する攻勢の大きな転機になったのかなという気がします。翌年になってから、NHKの「クローズアップ現代」や、テレビ朝日の「報道ステーション」に対する政権からの批判が続き、私が外から見ていても、メディア全体が萎縮しているなという印象を持ちました。

かつての仲間から聞くと、ちょっと何かを書こうとすると必ず、「脇をかためろ」みたいな、そういう無言のプレッシャーを感じるという話を聞きました。「自粛」というか「萎縮」というか、そういう空気があったことは間違いありません。その時期から見ると、かなり今は回復してきていると思います。

**山口**　もう一つ、安倍政権、安倍政治のなかで、「親安倍の読売・産経」対「反安倍の朝日・毎日」という構図がよく言われていたんですけども、読売新聞が前川さんについては個人攻撃と思《おぼ》しき記事を掲載したことで、これは親安倍のメディアの信頼性を疑わせる非常に重要な出来事だったような感じがしますけれども。
**外岡**　その通りだと思います。それに対して、新潮も文春も前川さんってそんな人じゃないということを、現場取材をもとに書いた。安倍政権が、ああいう形で人格攻撃をして、それが世の中全体の流れになるだろうという、その読みに、誤算があったんじゃないでしょうか。たぶん私は、読売新聞の社内でも、その掲載について、批判を含め、かなりの議論があったのではないのかなと推測しています。
**山口**　あと、メディアと権力の関係についていえば、最近菅さん（官房長官）の記者会見が話題になっていますよね。この点について2、3年前、東京新聞のコラムに「記者と速記者」という文章を書いたことがありました。記者は速記者ではないと言いたかったのです。
最近の記者会見というのは、若い記者がノート型パソコンに本当に叩きつけるように、政治家の話を記録していて、ああいうことで没頭していたら、たぶん話の要点を掴んで質問を考えるという余裕はないのではないかと心配になります。話を文字に残す者は速記者であって、記者というのはちゃんと話を聞いて、要点を掴んで質問をするのが仕事だろうと書いたんです。
最近、東京新聞の望月（衣塑子《いそこ》）さんという女性の記者が、菅官房長官に遠慮なしに質問して、菅さんも相当不快がっているという話も聞こえます。「いいぞもっとやれ」と私も応援しているのだけども、逆にいうと、今までの記者会見に出ていた政治部の記者の人達って何やっていたんですかっていう。

**外岡**　本当ですね。私も２０１０年に、それまで駐在していた香港から東京に戻ってきたときに、民主党政権が「事業仕分け」を始めていて、それを取材したことがありました。「事業仕分け」の会場に行ってみたら、もちろん仕分けの会場に取材に行けるんですけど、かなりの記者、半分ぐらいが、隣室にずらっと机を並べて、そこでパソコンのキーボードを打っているんですね。その前のスクリーンに流れているのが、「ニコ動」の中継画像なんですよ。ニコ動で隣の部屋でやっていることを中継していて、それを見ながら、パソコンを打っているんです。ニコ動見ながら書いているんだったら、「別にここにいなくてもいいじゃないか」って何人かに聞いたんですけど、「いや、なんか問題あったらすぐその足でコメントを取りに行ける」って言っていました。

しかし、記者っていうのはメモを取ること、問題点を探りながらメモを取ることはあっても、そんな全部の発言を起こすような記者は、かつてはいませんでした。逆に「パソコンを打つことが仕事」だと、その人たちが思っているのか、と。

その話をしたら、当時の政治部長が言いました。最近は総選挙で各党首が街頭で演説をしますが、それを取材する各社の記者は、みんな道端に座って、パソコンを打っている。それは違うだろうって話すが、わかってもらえない、と。なぜ記者が現場に取材に行くかというと、もちろん党首が言っていること、演説内容も聞いていますが、あれは聴衆の反応を見るべきなんですね。この言葉がどのくらい聴衆に届いたのかということは、現場でなければ見られない。それを取材しに行くはずなのに、記者は演説を全部丸写しで書いている。そういう話を聞いて、びっくりしました。それはメディアの劣化というよりも、記者個々人の劣化って言ったほうがいいかもしれませんが。
**山口**　新聞社の教育が変わったんですかね。
**外岡**　だけど、政治部はメモ文化を基本にしていますから、いろいろなところで多くの記者が取材したメモを、キャップなりデスクが見て、今の政局を判断するわけです。そうやって原稿を書く。そのメモを送るということが日常のルーチンの仕事なんですよ。
ただ、そういう作業を続けているうちに、手段としてのメモが目的化してしまったのではないか。逆にいうと、メモを沢山送れば、何か仕事をしたというような感じになっているのではないか。そんな気がするんです。
**山口**　それは、学者の世界における成果主義とどこか似たような話です。目に見えるアウトプットをたくさん書くと、仕事をしたなと評価されるっていうのは、どこの世界にもあるってことですかね。
**外岡**　例えば図書館で、人気の小説を30冊ぐらい買って、棚に並べているところが増えました。成果主義で図書館の業務を評価するには、サービスの指標化が分かりやすい。つまり貸し出し回数で測るのが手っ取り早いということになる。そうすると、貸し出しの回数を嵩上げするには、人気のある本を並べるという発想になる。まあ、大学とどっか似ているなと思いました。
**山口**　これも議論しだすと、ある種の新自由主義的文化は、単なる経済だけではなくていろんな分野に浸透しています。
**外岡**　独立行政法人になった大学の今の変質って、まさにそれとの関連で議論しなくてはいけないでしょうね。
**山口**　ウェンディ・ブラウンという女性の学者が書いた『いかにして民主主義は失われていくのか』という本の邦訳が今年（2017年）みすず書房から出ましてね、そういう文化としての新自由主義について分析しています。この話をやり出すと長くなるので、少し話を次に進めたいと思います。

## ◉予想外だったトランプ選出と英国のEU離脱

**山口**　日本だけじゃない、世界の民主主義の国における政治とあるいは権力とメディアの関係というところで、アメリカの現状はどうなっているのかも興味深い話です。外岡さんはアメリカ駐在のご経験があって、アメリカのメディアと政治家の関係とかずっとご覧になってきていると思うんですけれども、今のアメリカのメディア状況ってどうご覧になっていますか。
**外岡**　ちょっと意外だったんですけれども、去年イギリスで国民投票があって、EU離脱が決まりました。私はこういう公開の場で、「そんなことあり得ない。イギリスが自分で自分の首を絞めるような馬鹿なことはしないだろう」って公言したんです。それがあっさり覆って恥をかきまして。
さらにさかのぼると、去年の夏頃まで、「トランプさんが共和党の代表になるなんてことはあり得ない。早々に消えていきますよ」って言って、それも外れてしまって、穴があったら入りたいような心境でした。
イギリスの場合は、自分が以前駐在していたこともあって、とてもショックが大きく、すぐに取材に出掛けました。分かったことは、いかに英国のメディアが影響力をなくしているのか、ということでした。「フィナンシャル・タイムズ」とか

ＢＢＣとか、主要メディアは「離脱は自傷行為だ」というキャンペーンを張って、保守党のキャメロン首相も強気だった。名だたる政治家も説得にあたった。ところが有権者は報道を聞いていない。新聞を読んでいない。

では、何を使って情報を入手し、判断の頼りにしているかというと、ＳＮＳなんです。それで、自分が判断を間違えるのは当たり前だと気づきました。つまり私は、英国の主要メディアを追いかけて情勢を分析してきましたが、有権者はそれを読んでいない。見ていない。

アメリカもそうですが、メディアがかつてのようには、信用されていない。トランプさんについては大統領選の終盤で、女性蔑視の言動や、税金を免れていたという疑惑がメディアに大きく報じられた。従来の大統領選なら、決定的な失点になっていたはずです。それが少しも効いていない。結果的には、投票に大きな影響を与えることにはならなかった。だから、主要メディアを見てもなかなか実態が分からないということを強く感じました。メディアの影響力が落ちた、というのがまず一点です。あるいは、メディアそのものが「エスタブリッシュメント（既成勢力）」と見なされ、有権者の反感を買うようになってしまった、ということでしょうか。

**山口**　そもそも、アメリカやイギリスもいわゆるクオリティ・ペーパーは部数が少ないですよね。だから限られた人が読むメディアという性格がありましたけれども。

**外岡**　イギリスでクオリティ・ペーパーと呼ばれる、いわゆる「高級紙」は、最大でも１００万部前後です。30万とか50万部が普通ですから。「ニューヨーク・タイムズ」もあれだけ影響力があると言われながら１００万部ちょっとですので。日本の読売さんが最大で1000万、朝日が700万部。もともと桁が違うんですね。
しかしイギリスでもアメリカでも主要な政治家、あるいは官僚が必ず読む新聞って、部数は少なくても、社会的な影響力はかなりあった。それが今や、有権者にそっぽを向かれてしまっているということを私は感じました。
**山口**　それも、日本から見ていると、テレビも新聞もトランプ大統領の嘘に対しては厳しく対決して、嘘を追及するっていう姿勢を続けているので、羨ましいなと思うのですけれども。
**外岡**　そこはおっしゃる通りで、私も、テレビメディアや新聞が、影響力を失っているということを感じていただけに、逆にトランプ政権になってからのメディアの頑張りは、かなり特筆すべき事柄で、本来の底力を発揮していると感じています。
**山口**　メディアの世界はどこでもたぶん景気が悪い。というのは、インターネットに押されて、部数や視聴率、広告収入の低下といった共通の悩みがあるわけですよね。日本は、メディアのリストラが、報道の力を損なっている。その中で欧米のメディアが権力との緊張感を保ち続けるというのは、どういう背景とか理由があるんでしょうか。
**外岡**　6月に北海学園大学で開かれた講座で、「トランプ政権とメディア」についてお話ししました。そのとき北海学園の先生に、中学生みたいな質問をしたんです。安倍さんは国会の場で、森友問題などで追及され、たじたじとなっていると。だけどトランプさんって、一回も議会の前に出てきたことがない。議員に追及されることって一回もないですよね。それはどうしてですか、とお尋ねした。そうしたら、アメリカ専門の先生が、いや大統領制っていうのは議会に関わらないのが慣習になっているからです、っておっしゃった。それはそうなんですね。
**山口**　まあ、アメリカでは大統領が議会に出席するのは、1月の年頭教書の発表の時ぐらいですよね。
**外岡**　私はその説明を伺ったときに、日本の国会もいろいろ問題はありますけれど、少なくとも議員が首相を予算委員会などであれだけ追及する場を設けているというのは、むしろ良いんじゃないのかな、と。ツイッターで言いっぱなしで、一方的に発信し、追及されることのない大統領制の政治よりも、こちらの方が良いのかなと思ったのが一点です。
ただしもう一つは、だからアメリカのメディアは必死になってトランプ政権を追及しているんだと感じました。報道機関がなければ、アメリカの大統領の振る舞いをチェックできない。その使命感があるのだろう、ということです。アメリカのメディアにとって、最大の役割は、大統領をチェックすることでしょう。メディアも頑張らないと、国民から見放されます。
アメリカでは、人権条項は修正1条以下に規定されていますが、その修正第1条に置かれているのが、言論の自由、報道の自由です。つまり人権条項のトップにあるのが言論の自由で、報道に自由がなければ人権が守れない、それがアメリカの根幹の思想なのだと思います、だからみんなも期待するし、アメリカのメディアも必死にならざるを得ない。もちろん、だからと言って日本のメディアがチェックをしなくてもいいと言っているわけじゃありません。ただ、アメリカがそこまで本気にならざるを得ない理由の一つかな、と。
**山口**　なるほどね。確かに大統領というのは、日本とは違って議会から直接追及されることがない。議会が公聴会に呼びつけるということは、憲法上禁止はされていないので、たぶんそれは慣習と言われたんだろうと思うんですけどね。とにかく長いこと大統領が議会に来ないという政治のやり方を保ってきたのですね。
**外岡**　だから、トランプさんが追及される場面って記者会見しかない。
**山口**　確かにそうですね。

## ◉公共空間の縮小とポスト・トゥルース問題

**山口**　去年（16年）の大統領選挙をきっかけに、「ポスト・トゥルース」ですとか「オルタナファクト」とか「フェイク」とか、事実、真実を否定するという意味の言葉が頻繁に使われるようになってきたわけですけども、このフェイクとかオルタナファクトとかが野放しになると、メディアの存在を否定するということに繋がりますよね。

そこでメディアは自衛しなきゃいけないと思うんですけど、具体的にどういうやり方があるんでしょうか。

**外岡**　ポスト・トゥルースという言葉について最初にご説明すると、この言葉を2016年に選んだ人たちは、その言葉について、「既存メディアによる情報よりも、SNSによる影響が高まっている時代」を表す言葉と定義しているわけです。

つまり、平たくいうと、従来のメディアである報道機関の機能というのは、公共の場でファクトを示し、それが間違っていたり、批判されたりする場合はそれを検証し、誤っていれば打ち消す、あるいは批判に対して再批判するという形で「真実」に向かって接近し、それを共有するプロセスだったわけです。

ところが、今の若い世代の人々の多くは、新聞、雑誌、本も読まない。テレビでも報道番組はあまり見ないという方が増えてきている。

では、何を使って情報に接するかというと、SNSなわけです。ニュースも、それについての解釈も、SNSが中心になっている。そこでは、示されるファクトを公共の場で検証し、間違っていればただすというプロセスが欠け落ちている。もちろん、それは違うという情報も入ってきますが、公《おおやけ》の場で、まったく違う立場の人の指摘や批判にさらされるということがない。

ポスト・トゥルースの言葉がそういう状況を前提にしていると考えると、これに対抗するには、ただ「トランプさんが言ってることは嘘だ」「事実でない」と報道機関が指摘しても、その報道自体を、読者や視聴者が読んでいない、見聞きしない、あるいは信用しない、という状況が起きるわけです。

つまり言論フォーラムという公共空間がだんだん縮小していって、言論は仲間うち、自分と同じような考え方をする人たちの間で流通するものになる。だから、その情報が一般的に見て間違っていると言われても、全然気にしないという、そういう状況が今生まれつつあるんじゃないかという気がします。

**山口** ただ、嘘を野放しにすることはできませんし、民主主義にとって何が本当で、何が嘘かということの識別が全くなくなると、これ権力者の思う壺ですよね。だいたい特に戦争というのは嘘から始まるケースが非常に多かったわけだし、嘘をきちっと、とりわけ権力者がつく嘘をきちっと暴くっていうことはメディアの最大の任務ですけども、それをこれからどういう形でやっていけばいいですかね。

**外岡** アメリカで最初に始まったんですが、大統領選の時に候補者が演説しますよね、あるいは政党がキャンペーンをする。その時に、ほぼリアルタイムで、その主張で使われている「ファクト」は正しいとか、正しくないとか、「ファクト・チェック」をするようになりました。例えば朝日新聞でも最近、この政治家が言ったこの部分は正しい、この部分は間違っている、発言は不正確で事実はこうだと、いちいち検証をする場を設けるようになりました。

ところが先ほど申し上げたように、残念なことには、それを読んでいるのは朝日の読者やサイトを閲覧する方だけなんですね。そもそも新聞を読まない人たちが、そういう情報をまったく視野に入れていない、あるいは視野に入ってても「フェイク」だといって無視する可能性があるわけです。

問題はそこにあるのではないか。メディア全体が今陥っているような状況、言いっぱなし、あるいはツイッターしっぱなし、という現状をどの程度信頼性のあるものに変えていくのか、あるいは流通する間違った情報について、どうやって訂正させられるのかという、そこの部分を共通の問題として考えておかないといけないのかなと思います。

**山口**　私も学生とずっと付き合ってきて、最近若い人とメディアの関係が変わったことは痛感しますね。だいたい政治学の授業でも、新聞読む習慣を持っている学生が全体の1割いるかどうかという感じ。皆ニュースをどうやって知っているんですか、というと、ほとんどがスマホのＹａｈｏｏ！とかマイクロソフトのニュースなんですね。そういう状況の中で、もうちょっと掘り下げたニュースとか分析を世の中で共有していくための新しいやり方ってのはあるんでしょうかね。

**外岡**　先ほど申し上げた２０１４年の慰安婦検証特集で、朝日新聞のさまざまな問題が叩かれた後に、その再生への試みとして、「フォーラム」の機能を回復するという企画が提案され、今も紙面で続いています。それは、これまでにもずっと、読者の「声」を紙面に紹介してきたけれど、それをさらにフィードバックして読者の方に参加してもらい、フォローしていくという試みです。まだ試行錯誤ですが、私はその方向は間違っていないと思います。

サイトになくて新聞あるいはテレビにあるのは、誰にでも開かれた「フォーラム」の機能だと思うんです。SNSの場合はほとんどが、自分で関心のあるグループ、あるいは自分と意見が近いグループとの間でおこなう対話や交流ですよね。だけど、報道機関が提供する「フォーラム」に行けば、全く違う考えを持った人たちが意見を戦わせているわけです。それを見ることが、読者にも、自分で当たり前と思っていることを改めて見直し、もっと考えを深めるきっかけになる。私が思うのは、既存メディアがもっと「フォーラム」機能を充実させていく、あるいは意見の違う人が同じ土俵で話し合う場を作っていく、それがとても大事なことのような気がします。

さっきご指摘のあった構図のように、朝日は朝日、読売は読売っていうその考え方に近い人たちを集めた、それに近い文化人や知識人の方の主張だけを見せていくのでは、SNSの時代を乗り越えていくことはできないと思います。これからは、主張の異なるメディアが、互いに乗り入れて主張を戦わせるとか、全く自分たちと違う考え方を紙面で紹介するというように、「フォーラム」の場を再構築することを目指すべきなのだと思うんです。

## ◉住民投票の可能性と危険性

山口　もう一つの大きなテーマである、メディアと民主主義という所に移りたいと思うんですけども。

先ほど外岡さんがイギリスのEU離脱の国民投票にショックを受けて取材に行ったとおっしゃって、私もあの結果については非常に驚いたんですね。インテリってのは、自分は物を見ている、物を考えていると思っている。そういう人間から言えば、EU離脱なんてのはまさに自殺行為だ、そんなことをイギリス人がするわけないだろうって思ってた。私自身もそうだったんですけども、ああいう結果になって非常に驚きました。

直接民主主義っていうのは、自殺行為をそのままストレートに全体の意思決定につなげてしまうっていう、怖さというかある種の恐ろしさを持ってるんですよね。代表民主主義の場合は代表者同士で話し合いをするから、一定レベルの知的水準はやっぱり確保するわけですよね。知的水準と言うとちょっと語弊があるけど。それにしても明らかな自殺行為ってのは代表民主主義ではあんまりやらないですよ。それはやっぱり選ばれた人間同士が議論をし、特に選ばれた人間というのはある程度メディアとの接触も多いでしょうし、SNSの殻の中に閉じこもるっていうことはあんまりないと思うんですけれども。

今のアメリカでも、共和党主導の議会と大統領の対立ってのは非常に深刻になってきている。やっぱり議員たちってのは同じ共和党の保守派であっても、外交であれ、医療保険の問題であれ、視野が広いというか、ある程度考えて対応するから、トランプのような単純な路線をパーッと突っ走るということには待ったをかけるって判断をするわけですよね。そこはまさに、代表たちの議論というのは、ある意味で民主主義を支えているという面では、まだ健在かなと思ったんですが、直接民主制ってのはそこがない。代表っていう媒体がないから、ある時の民意がストレートに国の結論になってしまうという問題があり、かつその民意を作る上で、ＳＮＳを中心とした新しいメディアが非常に大きな影響力を持っているというさっきのお話だったんですけれども。

これから民主主義を考えていく上で、メディアがどういう役割を担うべきなのか、という大きな問題が最後に残るわけですが、そこは外岡さんはどうお考えですか。

**外岡**　かつて、日本でも住民投票とか国民投票によって基地問題とか、いろいろな問題を、原発についてもそうですけども、問うのはどうか、という議論がありました。それについて、既存の政治家から出てきた批判は、代議制民主主義の否定に繋がるということだったと思うんですね。私はどちらかというと、そういう政治家からの批判について反撥するところがありました。むしろ、現状の代議制民主主義が機能していないのだから、例えば住民投票で原発問題を問えば、と考えていたこともあります。

例えば、かつての民主党にしても、支持基盤の一つである電力会社の労組の声を無視できないでしょう。自民党も一貫して原発を推進してきた。そうすると、世論調査では原発見直しの声が多数派なのに、政党政治の枠組みのなかでは、それが投票結果として反映されない。基地についても、同じことがいえるかもしれません。だから、そういう問題については、代表制民主主義を補完する形で、住民投票や国民投票をしてはどうか、と思ってきました。

しかし、ＥＵ離脱を問う今回のイギリスの国民投票を見ると、私も危うさを感じました。トランプさんの「フェイク・ニュース」が大きく伝えられていますけれども、英国の国民投票においても、「離脱キャンペーン」の中心になったイギリス独立党が、見ればすぐに嘘と分かるような情報を広げていて、それをＳＮＳによって有権者に拡散していたんですね。そういう現実を見て、これはやっぱり、よほど慎重でないと、と思いました。国民の声をストレートに出す回路のはずが、逆に権力の側に使われてしまう可能性があると思いました。

**山口**　そうですね、私も政治学の講義のなかで、直接民主制と代表民主制の関係について話をしています。日本の経験を振り返ってみれば、いくつか非常に大きな意義を持った直接民主制、住民投票のケースがあるのです。例えば１９９６年の新潟県の当時の巻町の原発をめぐる住民投票とか、２０００年の徳島市の吉野川可動堰をめぐる住民投票とか、これらは今おっしゃったように従来の代表民主主義が機能不全に陥るなかで、住民自身が意思表示をして、住民自身が地域の未来を決めたという非常に重要な経験だったと思いますね。

最近でいえば、國分功一郎《こくぶん》さんという哲学者が東京の小平市の道路の計画について住民投票を進める運動に参加して、その経験を『来《きた》るべき民主主義』という本で詳しく書いてくれています。これが、非常に意味がある運動だったと思いました。良い住民投票と悪い住民投票ないし国民投票と、何が違うかというとプロセスですよね。

新潟にしても徳島にしても、住民投票を進める側が相当時間をかけて、住民による勉強会とか討論会とか、いろんな専門家を呼んできて、議論し、考えたわけですよ。そういういわゆる熟議をするのではなくて、まさにネット上の断片的な言葉のやり取りではなくて、実際顔を合わせて議論するというその経験が不可欠だと思いますね。住民投票の成功にとって。それがないと、これはもう単なる動員によって多数派を作り出すみたいな危険性もあるのです。その動員をするときに、やはりSNSが非常に効果を発揮するというのは、イギリスの経験からも明らかだと思いますね。
**外岡**　憲法改正の国民投票みたいな形になったときに、実際に何が起きるのか。そういうことを考えると、かつて直接民主制を模索していた頃とはまったく違う別の問題が出てきた。「国民の声をストレートに反映するから、直接民主制がいい」とは、簡単にはいえなくなったような気がします。
**山口**　そうなんですよね。安倍さんが5月3日に憲法改正、9条第3項という話を突然打ち上げて、しかも2020年に新しい憲法を施行したいって言って、その後の状況の変化でこの話は少しトーンダウンしてきたとは思うんですが、ただ我々はそんなに楽観できないと思います。国民投票が実際にあるかもしれないという、そういう現実の可能性を見据えて、直接民主制なる国民投票とメディアの関係を今きちっと議論しておかないと、非常に誤った選択をする危険性が大きいと思いますね。
**外岡**　例えば今日お集まりの方々は、おそらく日本のメディア、政治について、ものすごく緊張感、危機意識を持ってここにお集まりいただいていると思うんですけれども、こういう集まりがあるということは、たぶん、多くの若者にまったく届いていないのではないでしょうか。ここに集まって来られた方はこの問題についてもっと危機感、緊張感を持って社会を変えていかなければいけないとお考えだと思いますが、その声が、なかなか若い人に届いていない。若い人たちはこういう会に集まって来ないんですね、なかなか。私、何年もこういう会に参加させていただいていますけど、若い人が残念ながら見えてこない。

じゃあ彼らは何をしているのか。それがＳＮＳなんですね。彼らは、実際に足を運んで集まらなくてもいいんじゃないか、と思っているかもしれない。たぶん、そういうことなんでしょう。そうした私たちの知らない世代がどんどん今増えていて、その流れが既存のメディアとかこういう集会とかを凌駕しつつある。そういうことを我々が自覚していたほうがいいのかなという気がするんですね。

それに対抗するにはどうしたらいいのか。やっぱり私たちもＳＮＳを使うとか、あるいはＳＮＳの動向を評価して分析するとか、何らかの形で回路を作っていかなくてはいけない。そうしないと、分断された社会、分断というよりも、たぶん分裂した社会は、限りなく小さなサークルに分裂していく。

かつての民主主義は、自由な意見や主張の流れが血脈となって、間違った事実や偏った主張が淘汰されるというモデルを目指してきました。しかし、今のように分断された社会、バラバラの小集団に分裂を続ける社会において、そうした「淘汰」を期待することはできない。私たちは絶えず、分断を修復して、民主主義の血脈を行きわたらせる工夫をしなくてはいけない時代になった。そういうことではないでしょうか。

**山口**　まあ、いわゆるリベラルというのも、ＳＮＳを使っていろんな形の発信をするという必要になってくるんですよね。私が代表をやっている立憲デモクラシーの会という学者のグループも、毎年大学の教室で市民講座をやってきたんだけど、今年はまたきっとネット動画配信を始めようかみたいなことを相談しています。ＳＮＳとは違う、Youtubeを使って本当に簡単にどこでもアクセスできるみたいな、そこに一定の内容を持った話を伝えるみたいなね。そういう動きをしなければならない時代です。
**外岡**　私、山口先生の後を継いで隔週に1回、朝日新聞の道内版でエッセーを書かせていただいているんですが、その取材で最近、「札幌人図鑑」というサイトでインタビューを公開している女性に話を聞きました。
　この人は、３万円を切るカメラやビデオ機器を使って、取材手配からインタビューや編集まで、何から何まで一人でこなして、３年弱で千人を超すインタビューを集積して、いつでもアクセスできるアーカイブを作ったんですね。個人でここまでできるのか。それを目の当《ま》たりにして、ニューメディアの力ってものすごい、と感じました。市民運動をする立場で、ちょっとＳＮＳやYoutubeに対して、なんとなく警戒したり、軽んじたりしているところがあるのかもしれませんが、個人の次元で始められる手段として圧倒的に力がある、と私は思いました。あんまり敬遠せずに使っていくほうが……。
**山口**　そうですね、伝統的な媒体、こういう集会とかデモみたいなスタイルと、ＳＮＳを使ったスタイルと、両方見ないとダメだってことですね。

2017年10月10日、福島市の田んぼを背に総選挙第一声を発する安倍晋三・自民党総裁。同党は当初、安倍氏への抗議活動やヤジを警戒し、街頭演説の日程を公表しなかった。

## ◉ヘイトスピーチに両論併記は必要か

**司会**　外岡さん、山口さん。ありがとうございました。では会場からの質問をお受けします。
**参加者**　外岡さんにちょっとお聞きしたいことがありまして。メディアの政治的中立ということに関してなんですけども、朝日にいらっしゃったということで分かる範囲でお答えいただけたらと思うんですけども、朝日新聞の論調というのは、どうも最近両論併記病に侵されているんじゃないかというのがあります。
いい例が、1年ぐらい前でしょうか、はすみとしこ（蓮見都志子）っていう漫画家がいて、移民に対してものすごく差別的なヘイト的な作品をネットに掲載した、と。それの記事というのが完全な両論併記。どう考えても道徳的、人道的におかしいよねと思うものに対して、賛成論と反対論を全く同じ比率で出されたことがあって、これ、一時ネットで炎上したということがあったんですけど、そういった事例も踏まえて、朝日新聞的に、あるいは外岡さんご自身の中で、メディアの中立報道の本来のあり方というものをどのようにお考えなのかをお聞きしたいと思います。

**外岡**　安倍さんがテレビに対して注文を付けたのは、アベノミクスに対して視聴者から意見を聞くときに、これは一方的に批判的なことしか紹介していないのはおかしいという、そうおっしゃったのが始まりなんですね。実は公正じゃないと、一方の声しか触れられてないじゃないか、というのが安倍さんの最初のメディアに対する批判だったわけです。それがあってから、街の人の声を聴くときもできるだけ両方の意見を入れるという傾向が強まったと思うんですね。

先ほどご指摘の例でいうと、ヘイトスピーチに近い考え方を紹介する場合、そもそも両論を載せる必要があるのかという問題です。こうした傾向は、今申し上げた安倍さんによるメディア批判から始まっているように思います。私は先ほどの方のご意見は正しいと思います。私はその議論の背景を知りませんし、対象になった両論併記も見ていないので、断言はできませんけれども、たぶん、なんとなく萎縮する中で、すべてのことについて両方の意見を聞かないとまずいんじゃないかと、なんか批判されるんじゃないかという自粛が現れたのかなという気がします。

今年の5月30日、上智大学でデービッド・ケイという国連特別報告者が、日本のメディアについてレポートを発表しました。それを受けて日米のジャーナリストが話し合うシンポジウムがありました。私もそこに呼ばれて発言をしたんですが、そのなかでテーマの一つが、今ここで問題になっている「報道の公正さ、客観性とは何か」という問題でした。

例えばテレビで街の声を取り上げる場合、一方で賛成の声を30秒放映したら、必ず反対の声も30秒紹介する。それが本当に公平なのかと。私は、形だけの両論紹介は、公平さを担保するものではない、と申し上げました。

政権とか、一般的に力のある人達は、自分たちで意見や主張を広める手段を持っているわけですね。しかし持っていない人たちに声をあげる場を提供する、その声を聞く、というのがメディアの役割だと思うんですよ。だからそこには、「足して二で割る」という取材姿勢はあるはずもないし、あってはならない、というのが私の考え方です。もし批判するのであれば、根拠を示し、それをきちんと批判すると。もちろん批判される側の反論というかコメントは必要ですけども、「機会均等」をすべてに当てはめる必要は全くない、というのが私の考えです（拍手）。

**山口**　私も外岡さんと同じような意見なんですが、例えばアベノミクスみたいな政策問題について社論がある、それを新聞が主張するというときには、当然反対論にもちゃんと言及をしながら比較対照していくという議論の進め方が必要だと思うんですね。

だけど、ヘイトスピーチみたいに、そもそも民主主義とか法の支配の前提そのものを否定するような議論に対しては、批判あるのみだと思いますね。基本的人権、人間の尊厳を否定するような議論というのは、もうきちんと批判しなきゃ民主主義は壊れてしまうと思うんですね。そこは議論のレベルをきちっと区分けしていく必要があると思います（拍手）。

## ◉既存メディア再生のカギは自浄能力

**参加者**　ある一人の人が発信した情報が、ＳＮＳを通して、何百何千人もの意見としていろんなメディアに流れる、という仕組みができていて、安倍首相が電通とか博報堂とかを使って、そういう手法をとっていると思うんですけれども、そういうＳＮＳの状況も合わせて、メディアの再生のためにはどういう対処法があるとお考えですか。
**外岡**　たしか去年（16年）、サイトに自分が知られたくない情報が出た場合にどうするのか、ということを問題にした記事が朝日新聞に出ていました。間違っていればプロバイダーに抗議を申し入れて、それを削除してもらえますが、それができない場合にどうするのかという問題が生じます。記事によると、それを代行する会社があるっていうんですね。
では何をするのかというと、サイトに出ている情報を打ち消す反対の情報を、大量にアップするということでした。つまり今の情報の隠し方、否定の仕方って、そういうふうになっているんですね。あまりにも沢山の情報があふれているので、どれが本当なのか、どれが正しいのかが分からない状況になっている、ということです。
この例にしても、個人が人気投票をしてランクを表示するサイトにしても、それを意図的にアップさせる、あるいは金を払ってでも上位にするという人や会社が出てきます。我々は、なぜこれが上位になるのかというアルゴリズムを知らされていないので、情報をいったん疑い始めると、答えは出てこないわけですね。でも便利だから、ついそれに頼るということになりがちなんですけど。

それに対してメディアはどうしたらいいのか、私は2014年、朝日新聞の不祥事があったときに、かつての同僚に話したことがあります。私が言ったのは、自分が間違っていたら、すぐに訂正を出してほしいと、お詫びをしてくれと。それを抵抗なくやってくれということをお願いしたんです。つまり新聞が生き残る道、テレビもそうだと思いますが、その可能性というのは、自らの誤りを指摘されて、その指摘が正しいと分かった場合にはすぐに修正、訂正する。要するに自分でそれを検証できる、自浄能力を持ち続けるということだと思うんです。かつての同僚には、それを常に担保してくれ、それがなければ読者との信頼関係はあり得ない、ということを言いました。

今何を申し上げたいのかというと、ネット情報と既存のメディアの違いは何か。それは既存のメディアは正しいこと、裏打ちされた情報だけを載せている、報じている。しかし、間違った場合には、必ず訂正されるんだと、あるいは反論が出るんだと。そういう条件を、既存メディアが保証することが大事だと思うんです。それが、信頼感を繋ぎとめる唯一の方法だと思います。

ネット空間の発信者は、そういう裏打ちされた情報だけを流すとか、あるいは間違っていたら説明責任を果たす、あるいは必ず訂正をするという責任を負っていない。しかし、我々メディアは、間違っていれば必ずそれを修正して、正しますという、それが信頼関係の基礎じゃないかなと思っています。それは長い目で見ると、メディアが決定的な場面で信頼されるかどうかという一つの大きな基礎になるかなという気がします。

山口　私は、よくこの問題が分かりませんが、一つ気になっているニュースがあって、去年（16年）のアメリカの大統領選挙の時に、ビッグデータを元に政治戦略を立案する会社が、トランプキャンペーンを請け負ったと。それでFaceBookとかTwitterとかいろんなデータを集めて、ピンポイントで、この人の考えは、この人の好みはこうだから、こういうのが一番こっちになびきやすい、みたいな、個人レベルの投票者の、ある種の傾向を把握して、ピンポイントでいろんな宣伝を仕掛けていった、そういうことが始まったというニュースを見まして、非常に恐ろしくなりましたね。
今まではテレビの宣伝にしても、割と大雑把に、何百万という人を相手に一つのメッセージを投げるという手法でしたけど、これからはビッグデータの活用とか、FaceBook等を通した個人情報が集積されていくという中で、人々の政治意識そのものを操作することがビジネスになりうる、というすごい時代が来ているんだということ。
これの対処の方法って私もすぐに思い浮かばないんだけど、まずはそういうビジネスがあることを知らなければならない。政治意識の操作がそこまで進んでいるということ自体を共有する必要があるなと思いました。
外岡　それに関連して思うんですけど、Amazonの本を買ったり、あるいはAmazonの本を買っていなくても、何かの本をクリックしたら、Amazonから「これを買いませんか」と広告が出てきますよね。それが今や日常的に行われている。その怖さというのを、私たちいつも考えておく必要があると思うんですよ。クリックしたり、検索したりするたびに、いろんな個人情報がプロバイダーや会社に蓄積されている。自分の一日の行動とか、関心事とか常に情報が蓄積されているわけですよね。

もちろん、それは特定化されない、匿名化された数値の情報になっているといっているわけです。しかし、CIAやNSAで働いたエドワード・スノーデンが暴露したのは、アメリカ政府がIT企業の協力を得て、メールや携帯電話の通話だけでなく、そうした個人情報を収集していた、ということですね。だからテロ対策とか、あるいは共謀罪とかも典型だと思うんですけれど、これがテロや犯罪に結びつきやすいということであれば、今まで蓄積された匿名化されたはずの個人情報が一気に、捜査機関あるいは治安機関によってリンクされる可能性は打ち消せない。いやむしろ、その可能性が強まっていると考えたほうがいいと思うんです。先ほど山口先生がおっしゃった怖さですね。それは決して架空の、あるいは妄想でもなんでもなくて、現にもう始まっていると思ったほうがいい。

それは自民党の中のITに関心の高い方々も当然、いざという場合に備え、どう使うのか考えておられるに違いないですよね。一つはそういう世の中になってきているという、そのことを前提にしていろんな議論をしていかなくてはいけないと思います。

## ◉市民運動とメディア

**参加者**　沖縄の無所属の仲里《なかさと》利信さんと沖縄社会大衆党の糸数慶子さんのお二人を北海道にお呼びして、集会を開いたことがあるんです。その時、北海道新聞や琉球新報も含めて、講師が政治家の場合、あんまり報道はできないんだと、記者の方に言われました。政治的な中立性の問題もあるんでしょうが、仲里さんと糸数さんは沖縄選挙区で、しかも全国政党の所属でもないのに、何がいけないのか分からなくて。そういう不文律みたいなのはあるんですか。

**外岡**　私は、政治家の発言だから小さく扱う、あるいはまったく扱わないという判断はおかしいと思います。というのは、今沖縄で県知事をしていらっしゃる翁長雄志さんという方はオール与党なんですね。だから、自民党は反中央の人たちしか残っていませんけど、それこそ共産党から保守まで「オール沖縄」で、反基地移設、日米地位協定見直しを訴えている翁長さんを支持している。だからほとんどの政治家がそうした市民の声を代表している中で、たまたま糸数さんらが政治家だからという理由で扱いを小さくするということは、あってはいけないことでしょう。そういう判断はあり得ないんじゃないかと思います。今の沖縄の政治家は、政治的な党派を越えて、島民あるいは県民の声を代弁している、そういう資格で、皆さんが支持しているわけですから、私は沖縄の声としてきちんと報じるべきだったと思います。

そもそも政治家の発言だから取り上げないという、そういう規制も慣習も、マスコミにはないと思います、私はその記者が怯《ひる》んでるのか、何か問題を起こしたくないということなのか、よく分かりません。ただ、そういう自粛ムードがあるとすれば、自分で自分の仕事の範囲を狭めているし、本来の役割を損なっているのではないか。聞いていて、そう感じました。

## ◉市民に政治を動かす力は有るのか

**参加者**　冒頭のお二人の会話の中で、安倍さんの支持率が下がってきている、それの潮目はいつ頃なのか、どうやってその潮目が始まったのか、みたいなお話がありました。潮目を変えてきたのは、モリ・カケ問題は確かに決定的でしたけれども、やっぱり地道な市民の取り組みだったんではないかと思っているんですが、先ほどの話の中にその市民のことについて触れられていなかったので、市民にはそもそも政治を動かす力が有るのか無いのか、そのあたりについて伺いたいと思います。

**山口**　市民の活動が潮目を変えたということは、私も感じますよ。とくに安保法制のことがあって以降、なんとか政治を変えなきゃ、選挙にも関わって政治を変えなきゃと思う人が増えて、昨年（16年）の後半から今年の春、本当に日本各地で市民と野党の協力、とくにローカルな市民連合ができてきまして、私もあっちこっち走り回ってそれらを一所懸命応援しているんですけれど。

要するに安倍政権おかしいなと思う人達が潜在的には居たわけですよね。それをいわば火種を絶やさずに受け継いで来たのが市民運動です。その火種があったからこそ、防衛省の情報隠しとか共謀罪の強行採決を期に、それがバーっと燃え広がったと思っています。

**外岡**　先ほどの質問ともつながりますが、私が記者をしていた20年ほど前、朝日新聞の中で、市民運動、反原発、それから女性の権利拡充運動については余り書くなと言われた時期がありました。確かに、そういうことに熱心な記者がいて、その記者たちは社会部から外されていったということがあったように思います。

その時に、「カタギが読む新聞」を目指す、ということを言ってた上司がいるんですね、「カタギって何？」と、その時すごく力が抜けてしまったんですけど、要するに「カタギが読む新聞」って日経新聞のことを指していたらしいんですね。

80年代ぐらいだと思うんですけど。

それを聞いて思ったのは、「カタギ」の方はもちろん歓迎ですけど、でも市民運動をしている人たちだって立派なカタギじゃないのかっていうことです。反原発や女性運動をしている人たちが、なぜ「カタギ」じゃないのか。私はそれはすごく狭い物差しだったと思うんです。もちろん当時の考え方は、その後かなり修正されましたが、でも確かにここ数年前まで、どんなに大きいデモをやっても、朝日ですらあまり紹介しない、写真だけ載せるとか、どこかで力が、腰が引けていたのかなと思います。

そういう中でも、市民運動は確実にこの間続いていたわけで、それが今、社会を揺り動かす根底、底流になっていると思います。間違いなく。戦後の日本のいろんな政治の局面を紙面で見ると、政治は政党単位の力学で語られがちですけども、第五福竜丸事件の後の反核運動の盛り上がりが、日米関係を変える大きな潮流になった。これは東京の女性たちが署名運動を始めたのがきっかけでした。あるいは沖縄で50年代にわたって繰り広げられた「島ぐるみ反基地闘争」も、日本の政治を確実に変えていく原動力だったんです。

しかし、そうした市民運動の潮流は、その後は忘れられて、政治は与党や野党の力関係や力学の結果動いていったように語られる。だけど、それが歴史の転換を促す大きな潮流であったことは間違いないことです。

**山口**　60年安保なんてのはまさにそうですね。

## ●若者が支持する安倍政権

**参加者**　北海道大学文学部の4年生です。先ほど、この集会や運動に来る若者が少ないというお話が出ました。この集会の情報をＳＮＳあるいはネットで探すのは非常に困難で、たぶん一、二件ぐらいしか紹介がなかった。だから若者が来なかったということもありますが、政治的なことを避ける空気感みたいなものが、今の若者には確かにあると思うんですね。そういう若者に対して、望むこと、期待することがあれば教えてください。

**外岡**　貴重な若者代表の視点でのご質問、お話だったので、お答えします。

一つ言いたいことは、小泉政権の時もそうだったと思うんですが、今の安倍政権もかなり若い方が支持をして、それが支持率高めの一つの要因になっていたなと思っています。

そういう政治家が進める政策が何をもたらしたのか。特にあなた方の世代に何をもたらしたのかを、ご自分でしっかり見ていただきたいということなんですね。ほとんどの政策が、若い世代に不利に働いてきたのではないか。この10年、20年前から、失われた10年、失われた20年ということが言われてきました。就職氷河期が続いて、非正規の若者が増えた。その後は雇用も改善しましたが、その時期に非正規になった人は、なかなか正規に転換できない。あるいは正規の人たちも、過酷な労働を強いられている。あるいは今の大学の奨学金返済の問題にしても、社会に出るときにすでに大きな荷物を背負わされてしまう。年金問題についても、将来の給付が先細りになる不安は消えない。

やっぱり、政権が進めてきた政策は、具体的で、確実に将来にわたって、あなた方の世代に課せられるんですね。それを今、選んでいるのがこの選挙なんだということに、ぜひ注意を払っていただきたい。それをご自分たちで見つめ直してほしい。それが私からの若者代表の方へのお願いです。

**山口**　若者、20代の安倍支持が大きいというのは全然不思議でも何でもない、むしろ当たり前です。今、ともかく人手不足で若者の就職がとても楽な時代です。そうすると若い人は世の中にそんなに問題を感じない、そうだと思いますね。今だけ見ていればそうでしょう。外岡さんがおっしゃったように20年、30年先にこれでもつのか、みたいなかなり知的な作業をしないと政治を批判できないんですけど、やっぱり大学生は無理です。忙しいからです。バイトはいっぱいあるし、就活は早くから始まるしということで。
私はだから、大学生にあんまり多くのことを要求しようとは思いません。ほんの少数でいいから、世の中のことに関心を持っている人が残ってくれればいいなと思います。できれば我々の世代が苦手な部分ね、さっきから言っているソーシャルメディアを使った取り組みの仕方とかね、世代を超えて協力する体制が作れればいいなと思っているのです。
**外岡**　ついでに、非若者世代の方々に対するお願いなんですが、いろいろこういう集まりがあるときに、若い世代の人が発言すると、「そういうことでは甘い」とか、「日和《ひよ》っている」というような批判をなさる方が、時折おられます。しかも、かなり感情的に、若者一般に向けておっしゃるんですね。
なかなか変わらない社会に対する憤りや不満のお気持ちは、よく分かります。でもその不満の向け先は、社会や自分であって、若者ではないと思います。やっぱりそれぞれの世代には、それぞれが背負った生活、歴史や文化というものがあるはずなので、頭ごなしに相手を、とくに若い人をけなしたり、たしなめたりするような言い方をしないように、お互いに心がける必要があるのかな、と。
**山口**　安保法制の時、SEALDsの子たちがすごく脚光を浴びたんですけど、私は彼らと喋っていると、中学生、高校生の時に3・11を経験している世代ってのはやっぱり違うって思いますよ。世の中に対してちゃんと見ているというか、そういう人は多いと思います。

## ◉考えない人とどう向き合うか

**参加者**　手稲《ていね》で市民運動やっている者です。今オスプレイの配備、北海道でも演習をやっていますが、私たちはそれに反対してスタンディングしたりしているんですが、そもそも新聞も読んでいない、テレビも見ない、だからオスプレイそのものを知らない、そういう人達に俺達は話をしているんではないのかと、この頃ちょっと思ったりするんですね。そういう人たちにはどういうふうにしてやっていったらいいか。我々もSNSにどんどん発信しながら訴えていくということをしなきゃなんないなと思ってはいるんですが。
**山口**　何も考えない、知らない人を相手にこちらの考えを訴えるのは徒労です。ある程度関心持っている人間の中の取り合いっていうのが、政治の中でいちばん大事な戦いだということです。
**外岡**　私はSNSを主にやっている人たちがオスプレイを知らないということはないと思うんです。彼らの情報網で必ずそういう情報も入ってきますから。だから新聞、テレビを読まないから、彼らがニュースにまったく関心がないということではないですね。ただ、関心の領域が違うので、なかなか彼らのネットワークに入って行きにくい、今まで多くの人が共有していたニュースの定義が、今変わりつつあると思うんです。

だけど逆にいうと、彼らがオスプレイについて断片しか知らないとしても、その問題を街頭で訴えかけていれば、必ず何人かの人に通じるわけですよね。今まで知らなかった人に接触する上で、街頭で訴えることは、ものすごく大きな意義を持っていると思うんです。それはもしかすると、SNSに発信すること以上に大きな意味を持っている。SNSでそういう情報を発信しても、使わない人には届きませんから。

ついでにオスプレイの話に触れますが、沖縄ではあれだけ配備に反対して、抗議の声をあげたのに、その声は全国に届かず、配備が強行されてしまった。しかし、ここにきて、演習が北海道でも始まり、ようやく私たちの身近な問題になってきている。オーストラリアでの事故が起きて、いつ事故が起きてもおかしくない状況を、目の前に初めて突きつけられた。

ということは、逆にいうと、私たちは、よそごととして捉えたり、ただ同情をして遠くから声援を送ったりするのではなく、沖縄の人たちと同じ土俵で話し合ったり、この問題について一緒に運動をしたりすることができるようになった、ともいえるでしょう。そういう意味では、今回の演習というのは、とても大きなきっかけというか、転機になりつつあると思っています。

## ●記者クラブの功罪

**参加者**　日本独特と思われる記者クラブ制度についてお尋ねします。外国のジャーナリストが日本に来て、記者クラブの制度の存在、そしてその実態を知って驚くらしいんですね。これじゃ、ただの官製報道じゃないかと。聞いた話では、警察とか役所で、新聞記者にご丁寧に食事の提供をしているところもあるらしい。そういうぬるま湯的な居心地の良い関係で、ジャーナリストが真っ当な報道ができるものなのか。そういう記者クラブ制度を見直そう、なくそうという動きは、だいぶ以前からあったと思うんですが。

**山口**　記者クラブの件は、私もやっぱり、外国メディアやフリーランスの人をもっと自由に入れるというかたちで、談合体制を打破していくべきだと思います。

**外岡**　記者クラブ問題のご意見について、私も見直しに賛成です。私個人は、記者クラブの弊害が大きいと思っていますので、いっそクラブをやめてみたら、と同僚に話したことがあります。

ただ、実際に記者をしている人のなかには、クラブ維持派が大勢なんですね。それはなぜかと言うと、日常的に取材先と接触する場として、そういうものがあったほうが、確実に権力をチェックできるという理由です。

しかし私が一番気になるのは、それが談合体質につながらないか、ということなんです。「ニューヨーク・タイムズ」の東京支局長だったマーティン・ファクラーさんという人が言っているんですが、「日本の記者は、二人三人集まると、記者クラブになってしまう」と言うんですね。それは何かというと、どこで、どういう問題を、どう取り上げるかを、同業者同士で決めちゃうってことですよ。横並びで報道の内容を決めてしまえば、自分だけ記事を落とす心配がない。それでは、報道も横並びになってしまう。

私も新聞社にいた当時は、その懸念をずっと感じてきました。メディアがクラブという組織を作って、権力者や行政組織に対抗するという場合もありますが、そうではなく、取材先の側に立って、記者に同調を迫ることもあります。

例えば、書かないという前提で取材する条件を「オフレコ」と呼びますが、クラブのオフレコ会合で、高官がうっかり暴言を吐いたとします。「書きます」という通告は必要ですが、読者が知るべき情報なら、それを書くのがメディアの役割でしょう。しかし、クラブがそれを「約束を破った」といって、記者を「登院停止」などで処分し、取材から締め出すという場合もあるかもしれない。「横並び」には、「同調圧力」になる危うさがつきまとう。

それに、今はかなり変わってきましたが、一時は、外国のメディアやフリーの記者を排除する口実にも使われたことがあります。

そうした「談合体質」を温存させていると、役所や企業が、情報を即オープンにするインターネット時代に、業界全体が沈没することになりかねない。それに、フリーになったから言うのではありませんが、今でも、クラブなしで十分に取材はできる、と個人的には思っています。

**司会** 時間ですので、これにて終了します。お二人には、メディアについていろいろ考える上でのヒントをいただいたと思います。主催の日本ジャーナリスト会議北海道、さっぽろ自由学校「遊」、メディアアンビシャスの主催者に代わって、熱心な討議に感謝致します。ありがとうございました（拍手）。

あとがき

# 「フェイク政治」から「圧倒的！リベラリズム宣言」へ

佐藤章
*Sato Akira*

国会は「言論の府」と言われる。国民から選ばれた国会議員が、行政府の長である首相以下の閣僚に対して言論でもって質疑を試み、国民のための行政が遅滞なく実行されているかどうかチェックすることが「言論の府」に期待されている第一のことだろう。

しかし、現在の国会はこの期待に十全に応えているとは言えない。国会だけではなく、この国の政治領域すべてにわたって滞留が起きているように見える。

なぜか。

政治領域の中心にいる安倍首相に、「言論」における機能不全が見られるからだ。この「言論」不全が資質によるものなのか、確信によるものなのかはわからない。しかし、「言論」をもってコトが運ばれる政治領域にあってその中心人物に「言論」不全が起きているとすれば、その国の政治領域に滞留が起こるのは当然である。

この後書きを書いている2017年12月20日の朝日新聞朝刊一面に、「首相、『2020年改憲』再び意欲」と題する記事が掲載された。

記事によると、安倍首相は「(東京)オリンピック・パラリンピックが開催される２０２０年、日本が大きく生まれ変わる年にするきっかけとしたい。憲法について議論を深め、国の形、あり方を大いに論じるべきだ」と述べたという。

ここで言う「大きく生まれ変わる」というのは、一体、日本という国がどういうように「生まれ変わる」ことを意味するのか。あるいは、その「きっかけ」とするのは、オリンピックなのか、憲法なのか。憲法について議論を深めるとすれば、それはなぜなのか。どの部分について議論を深めなければならないのか。このように、言葉ひとつ取っても、安倍首相の言論は、様々な疑問符に対して解明されるところがない。

安倍首相は２０１７年５月には、憲法９条に自衛隊を明記する必要性を語り、「20年を新しい憲法が施行される年にしたい」と明言した。

では、なぜ20年なのか。東京オリンピックが開催されるからか？　上首尾に運べば3選後の「安倍首相」がそのまま改憲実施の首相となれるからか？　その理由はなお不明だが、理由もわからないこのような言葉に促されて憲法について議論することほど理不尽なことはないだろう。

オリンピックと言えば、東京開催に決まった国際オリンピック委員会総会で、安倍首相は福島第一原子力発電所の汚染水問題について「状況はコントロール下にある」と非現実的なことを言い放った。

汚染水が外洋に流出してしまっていることは、その前後に何度も報道されている。敷地内に貯まった汚染水のタンク群が100万トンを突破して、なおもその収拾策が立っていないことも周知の事実である。それらの事実を突き破っての発言、そしてその結果として招致したオリンピックの年に、理由も必要もわからない改定憲法を施行するという。まるでフェイクニュースのかたまりのような事態ではないか。

安倍首相の「フェイク言論」の痕《あと》はおびただしい。まず誰もが思い浮かべるのは、歴代政権の憲法9条解釈をねじ曲げて集団的自衛権を加えた安全保障法制だろう。集団的自衛権を正当化するに当たって安倍政権が根拠にしたのは、集団的自衛権とは何の関係もない砂川事件の最高裁判決と、集団的自衛権行使を憲法違反とした過去の政府見解である。これを「フェイク言論」と呼ばずに何と呼ぶべきなのか。

安倍政権が付け加えた集団的自衛権については、大半の憲法学者が違憲と表明したが、同政権の違憲行動はこれだけではない。

まず、一定数の国会議員の要求があれば内閣は臨時国会を開かなければならないとする憲法53条違反。学会の通説に従えば、開会準備に必要な2、3

週間以内に開かなければならないが、安倍内閣は要求があってから3カ月も放置した上、やっと開いた国会を冒頭で解散した。

党利党略からの解散だが、53条の趣旨を考えれば、求められた国会審議を踏みにじっての冒頭解散である。もちろん、その裏には、森友学園、加計学園という安倍政権を揺るがす疑惑追及を避ける狙いがあったのだろうが、その追及をかわす安倍政権の国会答弁も「フェイク言論」の積み重ねだ。

そして、その解散権行使が再び三度の違憲である。

安倍首相が掲げた解散権行使の理由はこうだ。2019年10月に8％から10％へ増税する予定の消費税の使途の一部について、借金返済から幼児教育・保育の無償化などに変更する政策の是非を国民に問う必要がある、というものだ。

消費税の使途変更は解散理由となるか。解散権行使の条件のひとつとして、憲法学者の木村草太・首都大学東京教授は、各政党がその政策（変更）をどう評価しているかが明らかになっていることを挙げている。これがはっきりしないと、有権者はどの政党に投票していいのか分からないからだ。

では、安倍首相が消費税増税分の使途変更を掲げたとき、野党はどのような状況だったか。この時、野党第一党だった民主党の前原誠司代表は、この使途変更案とほとんど同じ構想を抱き、明らかにしていた。与党と野党第一党の両党首が同じ政策を持っているとき、その政策は選挙の争点となるだろうか。有権者は何を判断基準にして投票すればよいのか。つまり、2017年9月の解散権行使は、憲法の趣旨、常識からして違憲なのである。

鼎談の中でも触れたが、憲法99条は、天皇や国務大臣などの公権力担当者に対して憲法尊重擁護義務を課している。しかし、ここまでの引証事例からして、安倍首相はこの義務にも反していることは明らかだろう。現行憲法を尊重も擁護もしていない安倍首相は、理由も根拠もわからない2020年の施行に向けて改憲を志す、という。すでにこの事態は「フェイク言論」を超えて「フェイク政治」と呼ぶべきではないか。

「フェイク政治」はフェイクのまま終わればまだいいが、結果は現実に反映される。

北朝鮮問題では、米国、北朝鮮ともにリーダー同士の「フェイク言論」の投げ合いが続くが、ここに安倍首相の勇ましい圧力発言が積み重なった。関係各国首脳の発言を見ると、韓国の文在寅大統領が対北人道支援を示しているのに対して、安倍首相は反対の意思を表明している。安倍首相が求めているのは「最大限の圧力」だ。

安倍首相は、２０１７年9月17日には米国の「ニューヨーク・タイムズ」に投稿し、「北朝鮮とのさらなる対話は行き詰まりの道」と強調、北朝鮮との間の対話を完全に断ち切った。見方によってはトランプ政権よりも強い超強硬方針だ。

この結果、従来朝鮮半島と米国、中国の緊張関係であったものが、ほとんど完全に日本にも飛び火してきた。

冷戦終結後、ほとんどの日本人は核の不安から解放されていたが、北朝鮮の金正恩、米国のトランプ、そして安倍首相の登場とその挑発的な言動とによって、かつてなかったほどの緊張心理を強いられているのではないだろうか。言論はフェイクであっても、それに結果する現実はフェイクではありえない。

ちなみに、北朝鮮問題解決の正当な第一歩は、米国の核の先制不使用宣言だろう。

北朝鮮を敵視する米国が核の先制不使用を宣言していないため、北朝鮮としては個別的自衛権のための核を保有する理由付けを得る。逆に言うと、米国が核を先制的に使わないことを明言すれば、北朝鮮は自衛のための核開発の理由を失うことになる。米国が核の先制不使用を宣言し、北朝鮮が核開発を放棄すれば、平和条約への道は見えてくる。本来、朝鮮半島の緊張から一歩下がっていた日本は、米国に対してそのように働きかけることのできる立場にあった。

しかし、安倍首相はここでも解決とは逆の道を行った。

２０１６年夏、任期満了まで数カ月となったオバマ前米大統領は、核実験全面禁止など、核政策に関する複数の核縮小案を検討していた。同年8月15日の「ワシントン・ポスト」によると、同大統領が検討していた核兵器の先制不使用問題について、安倍首相はハリス米太平洋軍司令官に、「北朝鮮に対する抑止力が弱体化する」として反対の意向を伝えた、という。この時は韓国も米国に対して同様の懸念を発信したというが、北朝鮮問題解決の重要な第一歩を失ったことは事実だ。

根本的な解決への可能性と対話の道を完全に閉ざし、「最大限の圧力」を声高に言い続ける。その結果、外交努力の余地を失い、国民は、ミサイルと核の不安に脅え続ける。外交政策の致命的な失敗と言えるのではないだろうか。

２０１５年12月、安倍政権の安保法制などに反対する学生グループ「ＳＥＡＬｓ」や「ママの会」、「立憲デモクラシーの会」など5つの市民団体が中心となり、16年夏の参院選をにらんで、「安保法制の廃止と立憲主義の回復を求める市民連合」（市民連合）が結成された。

野党共闘を後押ししたこの市民連合の力もあって、16年7月の参院選は自民党単独による3分の2議席獲得は阻止された。それでも、公明党や改憲に前向きな政党を加えると、改憲勢力はわずかに3分の2を超えた。

しかし、続く２０１７年7月の東京都議選では、小池百合子・東京都知事が代表を務める地域政党「都民ファーストの会」が49議席を獲得、自民党は23議席にとどまり、歴史的な惨敗を喫した。安倍政権への強い批判が、都議選においては、新鮮さをアピールする小池都知事の地域政党への有権者の投票行動につながった。

そして、政治の歯車は、２０１７年9月の解散、10月の総選挙へと回っていった。

安倍内閣がふるったこの解散権は、前述のように、違憲の疑いがきわめて強いものだった。「解散の理由は見当たらないが、野党側の体制が整わないうちに総選挙をやってしまえば、小選挙区制選挙のために、勝てないまでも負けるはずがない」。安倍内閣の解散の本当の理由はそんなところだろう、と大半のメディアは解説した。

ここで選挙の風向きは何度も入れ替わる。

解散前日の9月27日、小池都知事は新党「希望の党」の記者会見に臨み、翌28日には民進党の前原代表が同党両院議員総会で、希望の党に合流する案を提案、「満場一致」の拍手で決定した。民進党が希望の党に雪崩れ込む形で新しい野党体制が構築され、与野党の形勢が一気に逆転したかに見えた。

しかし、さらに翌29日、小池都知事は会見で、民進党議員の受け入れについて「全員を受け入れることはさらさらない」と排除の言葉を口にした。受け入れてもらうには、基本的に安保法制に賛成し、改憲を支持しなければならなかった。

小池都知事を見詰める有権者の見方が変わった。

小池都知事が関東大震災の朝鮮人犠牲者への追悼文を見送ったことで、同知事の政治姿勢に対する強い疑問がわき起こったが、民進党からの参加者に対する排除の言葉と「踏み絵」の中身がわかり、民進党議員の大半を支持してきたリベラル層とは相容れない政治思想の持ち主であることが広く知れ渡った。

小池都知事の政治思想やスタンスはむしろ安倍首相ときわめて近く、選挙にも出ないことから、なんら首相を脅かす存在ではないことが有権者の間で理解されてしまった。

小池都知事の影は急速に薄くなり、行き場を失ったリベラル系民進党議員を集めた新党「立憲民主党」の枝野幸男代表が代わって注目を集めた。

選挙結果は、自民党が大勝して、公明党と合わせて定数の3分の2を超えた。野党側は、立憲民主党が伸びて野党第一党となり、希望の党は落ち込んだ。結果的に、希望の党が野党側の体制を大きく崩し、自民党を利する形となった。

記者会見で発した言葉は、その陰に横たわる隠しようのない政治姿勢から立ち上ってくる。

選挙の季節には、そのことで有権者の風向きが大きく変わってしまう。民進党から希望の党に移っていった議員をはじめ、2017年10月の総選挙に立候補した候補者たちのほとんどは、この「風頼み」だった。小池都知事からの風を頼み、当選ゴールに向かって帆を張ったものの風はすぐに凪いでしまった。あとには、まるで抜け殻のような組織だけが残されている。

安倍首相は「フェイク言論」を駆使して憲法を蔑《ないがし》ろにし、国民生活をミサイル不安の中に陥れている。野党はそんな安倍内閣への批判を強め、市民連合などの支持も受けている。しかし、「風頼み」の体質は変わらず、自民党政権に変わるだけの政権構想を練り上げる努力を払ってこなかった。

鼎談でも語ったが、２００９年の選挙による政権交代を果たした民主党政権も、練り上げた政権構想の上に政権を勝ち取ったというわけではなかった。２０１７年の選挙では、その民主党政権の経験があるにもかかわらず、民進党の構想は何一つなかった。

国民が見たものは、風頼みの希望の党への雪崩《なだ》れ込みと、その後の変節だった。風頼みを絶ち、リベラリズムの筋を通した立憲民主党の議員たちには、実質的な準備期間がなかったにもかかわらず、国民の支持が集まった。政権への道につながるような政権構想を練り上げることが、これからの最重要課題となるだろう。

99％の国民の自由ではなく、トップ1％の自由を目指す新自由主義のアベノミクス。森友学園や加計学園、スパコン疑惑などに見られる堕落した行政。憲法を尊重し擁護する義務を放擲し、ほとんど意味をなさない改憲を唱え続ける安倍首相。これら一連の「フェイク政治」から一刻も早く離脱し、本来のリベラリズムの政治へと日本の政治の軌道を敷き直すこと。これが、99％の国民の切なる願いだろう。

『圧倒的！リベラリズム宣言』。本書のタイトルの由来はここにある。

市民連合の世話人を務め、野党連合に力を尽くされている法政大学教授の山口二郎氏と、政治状況を歴史的、国際的な観点から見詰め続けている朝日新聞元編集局長の外岡秀俊氏のおふたりは、都議選の終わった2017年8月、その政治状況を受けて札幌市内で対談された。

この対談を弊社から出版する話が出たが、その後の政治状況が9月解散、10月総選挙へと流動化していく過程で、総選挙の結果とその後の変動を受けて私も議論の場に加えさせていただき、新たな鼎談をまとめることになった。鼎談は、11月9日午後、東京都内で行った。鼎談後、山口、外岡両氏には、新たに補論とも言うべき新論考を寄せてもらい、私も最後に後書きとも言うべき小文を付け加えさせていただいた。

山口、外岡両氏には、あらためて感謝の言葉を述べさせていただきたいと思います。

2017年12月20日

佐藤　章

【著者略歴】

## 山口二郎 *Yamaguchi Jiro*

法政大学法学部教授、北海道大学名誉教授。1958年、岡山県岡山市生まれ。東京大学法学部卒業、東大法学部助手、北海道大学法学部助教授、コーネル大学フルブライト奨学生、北海道大学法学部教授、オックスフォード大学セントアントニーズ・カレッジ客員研究員、北海道大学大学院法学研究科教授（附属高等法政教育センター長兼任）、北海道大学大学院公共政策学連携研究部教授、ウォーリック大学客員研究員などを経て、2014年より現職。最初の著作『大蔵官僚支配の終焉』（岩波書店）により、自民党と財務省による政治・行政支配の構造・実態を暴き、1990年代から2000年代に続く政治改革の深い底流のひとつを形作る。2009年の民主党政権成立をめぐっては、小沢一郎、菅直人、仙谷由人各氏らとの交友を通じて政権交代に影響を与える。立憲主義の立場から安倍首相を痛烈に批判、「安保法制の廃止と立憲主義の回復を求める市民連合」の結成にかかわる。

## 外岡秀俊 *Sotooka Hidetoshi*

ジャーナリスト、作家。1953年、北海道・札幌市生まれ。東京大学法学部在学中に、石川啄木をテーマにした小説『北帰行』（河出書房新社）で文藝賞を受賞。卒業後、朝日新聞社入社。学芸部、社会部、外報部、ニューヨーク特派員、AERA編集部、編集委員、ヨーロッパ総局長などを経て、東京本社編集局長。新設された特別報道チーム（のち特報部）を率いて、調査報道にあたった。朝日新聞社を早期退職後、取材のために3・11の被災地を何度も訪れる。阪神大震災に取材した『地震と社会』（みすず書房）などの著書もあり、震災報道と沖縄報道を自身の主な守備範囲としている。『3・11　複合被災』（岩波新書）、『震災と原発　国家の過ち』（朝日新書）、『アジアへ』『傍観者からの手紙』（ともにみすず書房）などのジャーナリストとしての著書のほかに、中原清一郎のペンネームで小説『カノン』『人の昏れ方』（ともに河出書房新社）などを発表している。

## 佐藤 章 *Sato Akira*

五月書房新社取締役・編集委員会委員長。1955年生まれ。早稲田大学政治経済学部政治学科卒。朝日新聞社に入社、東京・大阪経済部、AERA編集部、週刊朝日編集部などで政治、経済、社会問題、国際問題などの取材に携わる。ジャーナリスト学校主任研究員を最後に朝日新聞社を退職。2014、15、18年度慶応義塾大学非常勤講師。著書に『ドキュメント金融破綻』（岩波書店）、『関西国際空港』（中公新書）、『ドストエフスキーの黙示録』『密告される生徒たち』（朝日新聞社）、『山形の政治』『ルポ内申書』（未來社）など多数。共著に『新聞と戦争』（朝日新聞社）など。

TOPICA《トピカ》 2018 ①
圧倒的《あっとうてき》！リベラリズム宣言《せんげん》

本体価格……一五〇〇円
発行日……二〇一八年 四月 八日 初版第一刷発行
著者……山口《やまぐち》二郎《じろう》・外岡秀俊《そとおかひでとし》・佐藤《さとう》 章《あきら》
発行者……柴田理加子
発行所……株式会社 五月《ごがつ》書房新社
東京都港区西新橋二―八―一七
郵便番号 一〇五―〇〇〇三
電 話 〇三（六二六八）八一六一
FAX 〇三（六二〇五）四一〇七
URL www.gssinc.jp
装幀……テラカワ アキヒロ
印刷／製本……株式会社 シナノパブリッシングプレス


ISBN978-4-909542-02-1 C0031